GRIECHENLAND

GRIECHEN-LAND

Walter Weiss Karl Kerényi

Bucher

Gestaltung: Hans F. Kammermann
Lektorat: Jürg Huber und Axel Schenck
Bilddokumentation: Monika A. Otto

Sonderausgabe 1987
Printed and bound in Switzerland
ISBN 3-7658-0425-8

DIE GRIECHISCHE ERDE

Prägung: Dionysos, Kleophrades-Maler, Spitzamphora, um 500 v.Chr., München, Staatliche Antikensammlungen.

Vorsatz: Achilleus verbindet Patroklos, Sosias-Maler, Schale, um 500 v.Chr., Berlin, Staatliche Museen, Antikenmuseum.

Haupttitel: Eos und Tithonos, Splanchnoptes-Maler, Schale, um 460 v.Chr.

Impressum: Zecher und Hetäre, Brygos-Maler, Schale, um 490 v.Chr., Würzburg, Martin-von-Wagner-Museum.

9 Der östliche Peloponnes vom Satelliten aus.

10 Flugaufnahme von Rhodos: Karge, ausgedörrte Sommervegetation.

12 Kretische Landschaft: Ein frischer Meerwind läßt die Blätter der Ölbäume silbern aufblitzen.

14 Im Schatten eines Olivenhains in Kreta.

In mühsamer Arbeit ringt der griechische Bauer dem kargen Boden bescheidene Erträge ab.

16 Oben: Frühsommerliche Felder in Thessalien.

Unten: Äcker im Frühling.

17 Oben: Nach der Getreideernte.

Unten: Das Pflügen mit Ochsen oder Pferden ist noch weit verbreitet.

18 Kretische Landschaft: Über den goldgelben Kornfeldern ziehen sich Gewitterwolken zusammen.

20 Ziegen sind dank ihrer Genügsamkeit wichtige Nutztiere der griechischen Bauern geblieben.

21 Eine Schafherde bei Ossios Loukas.

22 Links: Sommerliche Flora bei Ioannina.
Rechts: Distel auf dem Weg nach Ossios Loukas.
Unten: Weiß-gelber Blumenteppich auf Rhodos.

23 Üppiges Frühjahrslaub auf Samos.

24 Oben: Baumwolle ist ein wichtiges Ausfuhrprodukt Griechenlands. Sie wird vor allem in Makedonien, Thessalien und Attika angepflanzt.

Unten: Frische Trauben werden hier zu Sultaninen getrocknet.

25 Weizen ist seit dem Altertum das wichtigste Getreide des Mittelmeerraums. Die kretischen Bäuerinnen dreschen nach alter Sitte mit dem Dreschflegel.

26 Frauen aus Chios mit Getreide und einer Ziege auf dem Weg zum Markt.

29 Das stark zerklüftete Lefka-Ori-Gebirge im Westen Kretas verhinderte weitgehend eine Besiedelung der südlichen Küste. Zu deren größter Ortschaft, Sphakion, führt die einzige Straße über den Xyloskalopaß.

30 Oben: Weizen reift auf den terrassierten Äckern der Insel Skythnos.

Unten: Sorgfältig angelegte, mit Feldsteinen abgegrenzte Terrassen verhindern, daß die wenig tiefgründige Bodenkrume von Platzregen weggeschwemmt wird. Diese mit Reben und Gemüse bepflanzten Felder auf Folegandros bilden reizvolle Ornamente in der Landschaft.

31 Das Städtchen Thera liegt zweihundert Meter über dem Meeresspiegel direkt am Kraterrand des um 1400 v.Chr. explodierten Riesenvulkans von Santorin.

32 Der Aliakmon schlängelt sich durch die bewaldeten Hügel im Norden Griechenlands.

33 Durch Getreidefelder, Reben- und Olivenkulturen folgt diese Straße dem bewegten Relief auf Kreta.

34 In weiten Mäandern windet sich der Pinios durch die von ihm aufgeschüttete fruchtbare Ebene in Thessalien.

36 In großen Becken wird auf der Insel Lesbos Salz aus dem Meerwasser gewonnen.

JUGOSLAWIEN
BULGARIEN
TÜRKEI
ALBANIEN
Makedonien
PHILIPPI
Nestos
Kavala
Thrakien
Thessaloniki
Thasos
Aliakmon
ATHOS
Olymp
Ioannina
METEORA
Larisa
Pinios
Epirus
Thessalien
ÄGÄISCHES MEER
Lesbos
Skyros
Acheloos
Parnass
DELPHI
OSSIOS LOUKAS
Euböa
Chios
Attika
Korinth
Athen
OLYMPIA
MYKENE
Ägina
EPIDAURUS
SUNION
Sunion
Tinos
Samos
Syros
Mykonos
DELOS
Hydra
Peloponnes
Patmos
IONISCHES MEER
MYSTRAS
Naxos
Kalymnos
Milos
Kos
Santorin
Rhodos
Iraklion
Kreta
KNOSSOS
KRITSA
PHAISTOS

INHALT

Walter Weiss

GRIECHENLAND HEUTE

37 Der griechische Mensch
44 Die griechische Landschaft
49 Die Wirtschaft
76 Festlandgriechenland
81 Die griechischen Inseln
119 Geschichtlicher Überblick

Karl Kerényi

DAS KLASSISCHE GRIECHENLAND

199 Lichterlebnisstufen
203 Sphäre der Wissenschaft
205 Hugo von Hofmannsthal
206 Tragisches Mißverhältnis
207 Die befreiende Ausschaltung
210 Hölderlin
246 Das Verschwundene
248 Griechenland – Götterland
250 Der menschliche Mittelpunkt

BILDKAPITEL

6 Die griechische Erde
50 Das lichtvolle Meer
88 Das Antlitz des Menschen
124 Stätten des Glaubens
150 In Dörfern und Städten
180 Die neue Zeit
212 Das große Erbe

LIED AN DIE ALLMUTTER

Erde, du Mutter aller, du festgegründete, singen
Will ich, älteste, dich, du aller Lebenden Amme!

Allen, welche das Land betreten, die Wasser bewohnen,
Gibst du Nahrung aus deiner Füll, und dem Fittiggeschlechte;
Kinderselig und reich an Früchten ist alles, o Hehre,
Nur von dir! Dein ists, dem sterblichen Menschen zu geben
Und zu rauben das Leben. Ihn, den du mit segnenden Blicken
Anschaust, wohl dem Beglückten! ihm mangelt keine der Haben;

Seine Felder schwellen mit lebenernährenden Saaten,
Mastvieh weidet auf seiner Trift, es starren vom Prunke
Seine Häuser; er herrscht in den Städten voll blühender Weiber,
Herrscht mit mildem Gesetz! Ihm folgen Segen und Reichtum;
Jünglinge jauchzen umher, von junger Freude belebet,
Blühende Jungfraun spielen in Reigentänzen und pflücken
Freudiges Herzens Blumen der Wiesen, bekränzen das Haar sich.
Ach, beglücke sie ferner, du hehre, segnende Göttin!

Heil dir, Mutter der Götter, o Weib des sternebesäten
Himmels! Gib mir zum Lohn des Gesangs ein ruhiges Leben!
Dein will ich gedenken und andrer Feiergesänge!

ALTIONISCHES GÖTTERLIED
(zwischen 800 und 600 v.Chr.)

Übertragung aus dem Griechischen von Christian Graf zu Stolberg

Die Sonne lächelte und liebkoste den Gipfel des Sarakina, sie färbte die kleine Kapelle des Ai Lias über und über rot, die Rebhühner auf den Hängen begannen zu schreien. Der ganze Berg leuchtete auf, hier und dort sah man in den steilen Felsen einige hart mitgenommene Johannisbrotbäume, dornige Büsche und vom Winde zerzauste Eichen. Sicherlich hatten hier einmal Menschen gehaust – man konnte noch halbabgetragene Mauern, die Reste zerschlagener Krüge und vernachlässigte und verwilderte Obstbäume erkennen. Die Wege waren verschwunden, voller Unkraut und kleiner Steine, die Häuser hatten sich in ihre ursprünglichen Bestandteile aufgelöst, die Bäume bildeten ein enges Dickicht, und Füchse und Hasen, die vor den Menschen geflohen waren, kehrten in ihre Heimat zurück.
Die Erde, die Bäume, die Tiere lebten wieder auf. Sie hatten ihre Freiheit zurückerhalten, sie wurden nicht mehr von dem vergänglichen zweibeinigen Wesen gejagt, das sich einen Augenblick gezeigt hatte, in Ewigkeit in die Irre ging und dann wieder verschwunden war.

NIKOS KAZANTZAKIS
(Griechische Passion, 1953)

GRIECHENLAND HEUTE

DER GRIECHISCHE MENSCH

Himmel und Erde waren geschaffen; das Meer wogte in seinen Ufern und die Fische spielten darin; in den Lüften sangen beflügelt die Vögel; der Erdboden wimmelte von Tieren. Aber noch fehlte es an dem Geschöpf, dessen Leib so beschaffen war, daß der Geist in ihm Wohnung nehmen und von ihm aus die Erdenwelt beherrschen konnte. Da betrat Prometheus die Erde, ein Sprößling des alten Göttergeschlechtes, das Zeus entthront hatte, ein Sohn des erdgeborenen Uranussohnes Iapetos, kluger Erfindungen voll. Dieser wußte wohl, daß im Erdboden der Same des Himmels schlummere; darum nahm er vom Tone, befeuchtete denselben mit dem Wasser des Flusses, knetete ihn und formte daraus ein Gebilde nach dem Ebenbilde der Götter, der Herren der Welt. Diesen seinen Erdenkloß zu beleben, entlehnte er allenthalben von den Tierseelen gute und böse Eigenschaften und schloß sie in die Brust des Menschen ein. Unter den Himmlischen hatte er eine Freundin, Athene, die Göttin der Weisheit. Diese bewunderte die Schöpfung des Titanensohnes und blies dem halbbeseelten Bilde den Geist, den göttlichen Atem ein. So entstanden die ersten Menschen und füllten bald vielfältig die Erde.

Mit diesen Zeilen beginnt die berühmte Prometheus-Sage, eine der Schlüsselsagen des klassischen Altertums. Es steckt eine ganze Menge Information in diesem einen, kleinen Absatz, für Theologen, Mythologen, Anthropologen – und für den Griechenlandfreund. Wer zwischen den Zeilen zu lesen vermag, erfährt das höchst eigenwillige Verhältnis der Griechen zu ihren Göttern, diese Ambivalenz von Götterfurcht und anerkennender Verehrung einerseits und Vermenschlichung des Göttlichen andererseits, wie sie keine Kultur der Welt jemals kompromißloser durchführte: Götter und Menschen, beide Bewohner der Erde, die einen etwas schöner, größer, mächtiger, göttlich eben, die anderen voll guter und böser Eigenschaften der Tierseelen, gepaart mit der Weisheit – ein wenig Weisheit – der Himmlischen, menschlich eben, beide aber unterworfen der gleichen fürchterlichen Macht, aus der es kein Entrinnen gab: den Moiren, den Schicksalsgöttinnen.

Nur in Griechenland konnte sich ein derartiger Mythos bilden, der in so einfachen, aber eindringlichen Worten die Abhängigkeit der Irdischen von der Natur, die freilich vergöttlicht war, formulierte. Griechenland wird nicht zu Unrecht als die Wiege des Abendlandes bezeichnet, als kulturträchtiger Boden par excellence, wie er in der Welt kein zweites Mal zu finden ist. Wen nimmt es schon wunder, daß die auf dem Olymp thronenden Götter das Land zu ihren Füßen bevorzugten und sich vor allem um jene Menschen kümmerten, die ihnen nahe waren – nahe sowohl im örtlichen Sinn als auch im verwandtschaftlichen! Denn die Götter Griechenlands hatten überaus menschliche Attribute; sie wandelten über die Erde, suchten sich die hübschesten Frauen und zeugten Halbgötter und Beinahe-Unsterbliche. Sie waren zornige Götter, eifersüchtige Götter, rächende Götter – darin unterschieden sie sich vom Jahwe der Juden gar nicht so sehr. Aber sie waren auch freundliche und heitere Götter. Homer schreibt: «Da lachten die Götter im Olymp». Hat Jahwe jemals gelacht? Auch vom Gott der Christen ist derartiges nicht bekannt. Darin sind die griechischen Himmlischen eine Ausnahme – und prägen in dieser ach so menschlichen Eigenschaft abermals einen typischen und nachgerade sympathischen Zug griechischer Ideen – und zeichnen den griechischen Menschen.

Der Grieche ist seit jeher an ein hartes Leben gewöhnt. Die Natur verwöhnt ihn nur mit Sonnenschein und milden Lüften – mit Regen ist sie knauserig, der Boden ist nicht der fruchtbarste, das Land keine Kornkammer. Es ist ein zerklüftetes, zerrissenes Land – zerrissen von Meeresbuchten, Gebirgszügen und Schluchten. Es ist eine Drehscheibe des Mittelmeerraumes, ein Kreuzungspunkt von Handelswegen und militärisches Schlüsselgebiet; die Griechen haben es im Laufe ihrer Geschichte mehr als einmal und bitter erfahren müssen – die Jahre ungetrübter Freiheit sind zwar nicht an der obligaten einen Hand aufzuzählen, halten sich aber dennoch in engen Grenzen. Der Grieche, in gewissen Teilen des Landes bis heute im Bann der Blutrache lebend und in Geschlechterhaß erzogen, ist kein einfach zu beschreibender Mensch – mehr noch, den Griechen als den Vertreter Griechenlands gibt es gar nicht; zu verschieden sind die einzelnen Bevölkerungsgruppen voneinander, zu ungleich haben die Götter die prägenden Eigenschaften unter den Stämmen der Hellenen verteilt. Athener und Spartaner der Klassik mögen als jedem bekanntes Beispiel dienen.

Der Grieche – wenn es ihn als solchen überhaupt gegeben hat – war kein friedliebender Mensch; ob er es heute ist, mag jeder selbst beurteilen. Lage und Ausprägung seiner Heimat haben den Kampf ums Überleben in sich getragen: Der beständige Kampf gegen die Völker von außen – der Grieche sprach selbstbewußt von den Barbaren; er selbst verstand sich immer als Auserwählter, die anderen, das war der Rest der unwissenden Menschheit! – und die unbarmherzige Natur des Inneren, der Kampf gegen das Wüten Poseidons, der mit seinem Dreizack die Wogen wühlte, die Kammerung seiner Heimat in abgeschiedene Talschaften und mitunter schwer zu erreichende Gebiete, haben einen Menschenschlag geprägt, der zu Recht die Bezeichnung mediterran verdient. Mediterran mit allen Konsequenzen: konservativ, schrecklich konservativ; patriarchalisch, schrecklich patriarchalisch; religiös bis zur Hingabe (Meteora-Klöster,

Berg Athos, die griechische Orthodoxie im allgemeinen) und zum fast schon Unerträglichen; streng und konzessionslos in der Geschlechtertrennung: was von Sizilien und dem sizilianischen Zusammenleben von Mann und Frau bekannt ist, gilt auch für Griechenland; mediterran, das heißt in dieser Beziehung, daß die Frau schwer arbeitet, auf dem Lande vor allem, und daß der Mann, um es gelinde auszudrücken, sich nicht gerade überanstrengt; beide aber stöhnen unter der Last des Pachtzinses und der Ausbeutung durch den Großgrundbesitzer. Auch das ist mediterran: daß der Latifundienbesitzer reich und mächtig, vermögend und einflußreich ist, der Kleinbauer aber in oft unsäglicher Armut lebt, in miesen Häusern, allein vom kargen Ertrag.

Mediterran, das heißt aber auch stoisch sein, die Mühsal des Lebens zu ertragen, die Last der Tradition als gottgewollt und scheinbar ewig anzuerkennen, die herrschenden Gesetze als ehern anzusehen und sie auch zu befolgen. Arm und Reich sind die gottgewollte Verteilung der Güter dieser Erde, und wer das Los der Armut gezogen hat, hat sich dem Willen des Schicksals zu unterwerfen. Man lehnt sich nicht auf gegen die Natur und Gott, man versucht beide nur gnädig zu stimmen. Der griechische Bauer aber, hineingestellt in eine oft unerbittliche Natur, heiß, trocken, staubig und wenn es regnet, dann in Platzregen und mit Schichtfluten als Folge, der opferte in früherer Zeit den Olympischen und opfert heute den Heiligen: geändert hat sich nur der Name, nicht der Inhalt. Menschen aber, die gewohnt sind, in Abhängigkeit zu leben, in göttlich-natürlicher oder natürlich-göttlicher, wie immer man will, sind auch gewohnt, dem weltlichen Machthaber zu gehorchen: bedingungslos, ergeben, verzweifelt manchmal. Daher ist das Volk auch ruhig, politisch desinteressiert oder besser ausgedrückt, sich seiner politischen Ohnmacht bewußt. Und doch: die Männer lesen im Kapheneion die Zeitungen, stundenlang, mit Hingabe; sie diskutieren beim Kaphedaki die politischen Vorgänge in den Städten, sie kommentieren sie, nehmen aber nur als quasi Außenstehende, nicht davon Betroffene Anteil. Unter dem Königtum war Konstantin der anerkannte Herr und Gebieter, man verehrte und liebte ihn. Während der Diktatur eines Papadopoulos? – tja, da war eben der König nicht mehr König, aber die Macht wirkte weiterhin aus dem fernen oder nahen Athen, je nachdem, ein Auswechseln der Namen, weiter nichts. Zeus – Gottvater, Konstantin – Papadopoulos, Papadopoulos – Karamanlis, Karamanlis – ?: was tut es schon? Das Leben ist hart auf dem Land, die Schafe wollen geweidet werden, man muß weit steigen über die steinigen Pfade, hinauf, wo das Gras etwas grüner und saftiger ist; der Pachtzins ist hoch und die Preise steigen; die Schulden werden auch nicht weniger, und die Fremden, die seit einigen Jahren das Land wie die Fliegen heimsuchen, ziehen mit Vorliebe nur an die Küsten und durch die Tempel der Vorzeit. Das dörfliche Leben ist ziemlich unberührt geblieben davon: das Leben des Schafhirten auf dem Peloponnes unterscheidet sich von dem aus der Zeit eines Homer nur unwesentlich. Und auf Kap Matapan tobt weiterhin die unerbittliche Blutrache. Kein Wunder – es führt ja nicht einmal eine gute Straße dorthin...

Das Leben in der Stadt ist davon verschieden. Dieses Leben ist es auch, das den Mittel- oder Nordeuropäer so fasziniert: der durch Klima und Sonne so eigenwillig bestimmte Tagesablauf im mittelmeerischen Lebensraum; die lange Siesta, die mittägliche Ruhe im Schatten der Häuser und Bäume, im verdunkelten Zimmer; die Flucht vor der Sonne und der Hitze, die der Nordländer doch so ersehnt; das späte Mittagessen, die Stille, das Aussetzen des Lebens; der geschäftige Nachmittag dann, der erst um vier oder fünf Uhr beginnt; jetzt geht man seinen Geschäften nach, die Kapheneions füllen sich – vor allem mit Männern, wenn es sich um Kleinstädte handelt, nur in den größeren und in den Touristengebieten auch mit Frauen: jungen, emanzipierten Mädchen oder Touristinnen; die traditionelle Griechin würde keinen Fuß in das Kaffeehaus setzen! Und dann die Volta, der Korso! In den griechischen Provinzstädten füllt sich die Platia, der Hauptplatz mit Burschen und mit Mädchen, beide jedoch streng getrennt. Junge und Alte flanieren auf und ab, man zeigt sich, will gesehen werden, ist ja nur für den einen oder die andere auffällig angezogen, verführerisch oder betont männlich, gibt sich glutäugig oder draufgängerisch – alles aber nur durch die Sprache der Augen vermittelt und ein wenig mit Hilfe der Gestik und Mimik bei den Burschen. Kein Paar wandert gemeinsam, kein unverheiratetes Paar. Und nach der Hochzeit? Dann sitzt die Frau zu Hause, und der Mann geht allein ins Kapheneion. Das war schon immer so und wird auch immer so sein.

Der Traditionsbruch erfolgte auch in Griechenland in der Hauptstadt. Der Bauer vom Lande freilich nennt das moderne Treiben nicht Traditionsbruch, sondern Laster und meint es auch. Laster, das ist dort, wo die Mädchen sich modern kleiden, luftig, duftig, verführerisch; wo die jungen Frauen sich zeigen, ungeniert ihren Espresso trinken, der doch nichts anderes ist als ein Kaphedaki, und wo sie mit den jungen Männern beisammensitzen, plaudern, sich an der Hand halten, engumschlungen gehen, einander küssen – auf offener Straße. Und das Strandleben erst! Der Rest von Europa muß wahrlich ein Pfuhl der Sünde sein, typisch für die Barbaren, die ja seit jeher jenseits von Epirus und Makedonien gewohnt haben. Olymp und Pindos haben die wahren Menschen, die Griechen, nicht umsonst Jahrtausende hindurch vor dem Ansturm der Horden aus dem Norden bewahrt. Im Jahrhundert des Autos und des Flugzeuges jedoch? Daß die Götter vom Olymp stürzten, vor mehr als 2000 Jahren, war eben doch ein Fehler, ein nationales Unheil!

In der Hauptstadt also, in Athinai, dort ist das Leben anders: gigantischer, beeindruckender, moderner. Dort stauen sich die Autos in den engen Gassen und quellen auf die Plätze, das Weiß der Athener Bauten reflektiert die Sonne, wirft ihre Strahlen gleißend zurück, die Augen blendend, und der Duft von Oleander mischt sich mit dem teuersten Benzingestank Europas. Es lärmt und braust und der Syntagmaplatz unterhalb des Parlaments wird zur Symbiose griechischen Lebensstils und moderner Hektik. Das Griechentum aber wird von Hupe und Drehzahlgeräusch nicht zur Gänze verraten: auch in Athen hält man Siesta und ist die Mittagsruhe heilig –

dafür geht der Betrieb bis tief in die Nacht hinein. Das Abendmahl wird spät eingenommen, und bis zwei, drei Uhr früh sind die Straßen von Leben erfüllt, herrscht Hochbetrieb am Syntagmaplatz, beleuchtet die Kulisse der Akropolis die wahrhaft ewige Stadt, die älteste Hauptstadt der europäischen Zivilisation.

Der griechische Städter ist heute ein wenig in die Zwickmühle gekommen zwischen Tradition und Moderne, ein wenig überrumpelt, wie es scheint, und nicht immer begeistert vom Neuen – von der Jugend abgesehen. Der griechische Mensch scheint überhaupt einer genaueren Betrachtung wert, vor allem in seinem Verhältnis zum klassischen Griechen, zum Hellenen der Antike. Ist der heutige Grieche noch Grieche, wie ihn Literatur und Kunst vor dem geistigen Auge des humanistisch Gebildeten erstehen lassen, den er verehrt und den er – wahrscheinlich – anzutreffen erwartet, wenn er nach Griechenland reist, um dort nachzuerleben, was ihn so begeisterte?

Man wird nicht umhin können, den Schöngeist und Tagträumer gerade auf diesem Gebiet ein wenig enttäuschen zu müssen: daß der Italiener von heute mit dem Römer des Altertums nichts mehr gemein hat, nicht einmal mehr den Namen, daß die Ägypter der Gegenwart den Verlust ihrer tausendjährigen Hochkultur deutlich zeigen, wird kaum jemand bezweifeln. Griechenlandkenner werden mit traurigem Blick und wissendem Bedauern die Entwicklung des griechischen Menschen in nicht viel anderem Lichte sehen. Keine Kultur vermag die Jahrtausende ohne Schaden an geistigem, kulturellem und politischem Niveau zu überdauern. Und so – und nur aus diesem Grund – wird man dem beneideten und bewunderten Griechen im heutigen Griechenland kaum mehr begegnen. Die Geisteshaltung der Antike ist dahin – endgültig, trotz Renaissance, Humanismus und Klassik, trotz abendländischer Philosophie und europäischer Tradition. Die Polis existiert nicht mehr: sie ist zur Megapolis geworden, zur lauten Hafenstadt, zum verschmutzten Provinzstädtchen oder zum vergessenen Dorf. Die edlen Werte der Ionier und Achäer sind dem Streben nach Materiellem gewichen, in Griechenland ebenso, wie überall sonstwo auf der Welt, die vom Produktionsdenken überrascht und überschwemmt worden ist. Nur: in Griechenland schmerzt diese Erkenntnis, und die Sehnsucht nach den stillen olympischen Hainen wird ausgelöscht durch die Autoschlangen entlang der Küstenstraßen, die hektischen Kellner und zerstreuten Hotelportiers. Den sanften Fischermann mag es noch geben; aber häufiger sind die geschäftstüchtigen Besitzer von Kaikis, die ihre Boote gewinnbringend an den Touristen vermieten wollen.

In die Städte ist der Trubel eingezogen und mit ihm die Beschaulichkeit des Menschen gewichen. Vorbei die Zeit, wo der Fremde mit den drei Fragen begrüßt wurde: «Wie ist Dein Name? Wer ist Dein Vater? Woher kommst Du?» Vorbei die Zeit, wo der Fremdling als Gast galt, als echter, dem man sich widmete, dem man es wohlsein ließ und mit dem man die Gedanken tauschte. Vorbei dies alles, wie der Glanz der Antike. Nichts Besonderes eigentlich, aber schmerzhaft eben in Griechenland; weil es der Grieche ist, der gestorben ist!

Griechenland gilt als die Wiege Europas – und der Name Hellas hat nachgerade mythischen Beigeschmack. Er weckt im Historiker, Romantiker und Schwärmer wehmütige Gedanken an eine goldene Zeit, in der die schönen Künste gepflogen wurden, die abendländische Philosophie geboren wurde und mit Aristoteles (384–322 v.Chr.) ihre Vollendung erfuhr. Seine Philosophie beeinflußte nicht nur Alexander, dem er für drei Jahre ein persönlicher Lehrer war, sondern das gesamte mittelalterliche und auch weitgehend das neuzeitliche Weltbild Europas und damit der Welt. Sein philosophisches System gilt in gewissen Bereichen bis heute; oder – anders ausgedrückt – die Philosophie hat seit Aristoteles bei weitem nicht jenen Höhenflug angetreten, der zum Beispiel der Naturwissenschaft vorbehalten war. Oder – soll man den Ausspruch wagen? – hatte nicht schon Aristoteles die philosophischen Grenzen der Erkenntnis erreicht, die von heutigen Denkern nur mehr modifiziert, nicht aber mehr überschritten werden können?

Hat die Kultur Griechenlands das Abendland nicht weit mehr geprägt, als wir uns allgemein eingestehen wollen? Allein in der Architektur gab es immer wieder Rückgriffe auf die Antike; der klassizistische Stil erweckte die Baukunst der Griechen wieder zu neuem Leben, die Renaissance gilt als Epoche der Wiederentdeckung im allgemeinen: im Hinwenden auf die Ideale des alten Griechenlands, auf die Freiheit und Würde des Menschen, gleichsam als Widerpart gegen das erstarrte, im Geiste der Scholastik verbogene christliche Gedankengut.

Und wahrlich: das Griechische, das Antik-Griechische stand auf weit höherem Niveau als das entchristlichte Christentum des Mittelalters, in dem der Geist der Freiheit des Menschen längst der Tyrannei von Kirche und Feudalismus gewichen war und die Lehre Christi durch ihre Nachfolger verraten war. Zweitausend Jahre früher hatte Solon den Athenern eine Verfassung gegeben, die für die spätere Demokratie eines Perikles Grundlage sein sollte. Er hatte einen Volksstaat proklamiert und Bürgerpflichten eingeführt, die in den heutigen Demokratien Westeuropas oder Amerikas nicht selbstverständlich sind: so hatte Solon dauernden Müßiggang, übertriebenen Luxus bei Festlichkeiten, üble Nachrede und bösen Klatsch verboten. Wer das Treiben in den heutigen Demokratien verfolgt, den Müßiggang der Playboys, der Privatiers, den Luxus bei kirchlichen und staatlichen Anlässen, die Paraden, den Prunk und Pomp in den monarchischen Demokratien Europas, die üble Nachrede und den bösen Klatsch der Regenbogenpresse und der politischen Zeitungen, wird wissen, warum sich der Schöngeist ins alte Hellas zurücksehnt – allerdings nur in gewisse Epochen und als Angehöriger einer wohlhabenderen Klasse, das sei zugegeben.

Eine dieser Epochen war das goldene Zeitalter unter Perikles. Perikles (499–429 v.Chr.) stand der athenischen Demokratie 30 Jahre lang vor, obwohl der Grundsatz der Demokratie doch war, Macht durch Teilung zu beschränken. Selten jedoch hat die Weltgeschichte einen so integren Mann hervorgebracht, der durch vernünftige Entscheide regierte und nicht durch Ränke, Bestechungen und Umschmeichelungen.

Dennoch – und hier muß die Wahrheit vor der Mär stehen –, auch wenn es immer wieder heißt, die erste Demokratie der Welt sei in Athen verwirklicht worden, war es letztlich doch keine echte Demokratie: Die Rechte besaß nicht das ganze Volk, sondern nur ein Teil desselben: Schutzbürger (Metöken), Sklaven und Frauen waren ohne Recht und Stimme – auf ihrer Arbeit aber beruhte der Wohlstand Athens. Man kann leicht «demokratisch» regieren, wenn diejenigen, um die es letztlich geht, nichts zu reden haben. Aber im Grunde genommen hat sich bis heute nicht viel daran geändert, weder in Griechenland noch in den übrigen Demokratien der Welt. In Griechenland nicht, weil noch immer ein Großteil des Bodens in der Hand weniger ist und das Landvolk kaum nach politischen, sondern traditionellen Überlegungen wählt; in den übrigen Demokratien nicht, weil – weltweit gesehen – sich die Macht, die wirtschaftliche nämlich, wieder nur wenige Menschen teilen, und die große Mehrzahl der Menschen in der Dritten und Vierten Welt machtlose «Sklaven» Amerikas, Europas und auch des Ostens sind. Der athenische Wohlstand basierte auf der Arbeit der Metöken und Sklaven, während der heutige mitteleuropäische sich auf die Tätigkeit von Gastarbeitern stützt. Thukydides hat uns einen Ausspruch von Perikles überliefert: «Die Demokratie darf die Staatsmacht nicht einer Minderheit, sondern nur dem ganzen Volk anvertrauen. Die Gleichheit aller vor dem Gesetz bedingt, daß alle Mitbürger die gleichen Rechte genießen, daß kein Volksteil seine Sonderinteressen auf Kosten der übrigen Bürger durchzusetzen versucht!» Diese Forderung war nicht nur zur Zeit Perikles' ein leeres Ideal.

Die Griechen waren immer schon Individualisten und hatten die Kunst zu leben und zu überleben zur Vollkommenheit erhoben, wenn man die Dorer in ihrer spartanischen Lebensweise ausnimmt. Sparta war stets nur der ungeliebte, militaristische Außenseiter des Griechentums gewesen, die Ionier – besonders die Athener – hingegen die Kenner der schönen Künste und des Wissens um den Wert des Lebens. Daß dieser Wert nicht unumstritten war, zeigten die verschiedenen philosophischen Schulen: die Hedonisten, die das Lustprinzip zum höchsten Ziel erhoben; die Kyniker, denen die Anspruchslosigkeit erstrebenswertes Anliegen war, die Epikureer, denen maßvolles Genießen der Lust am vernünftigsten erschien. Ihnen war die Freiheit höchstes Ziel, und von Epikur sind auch so sinnige Sprüche übermittelt wie: «Warum den Tod fürchten? Solange man lebt, ist der Tod nicht, und wenn der Tod ist, lebt man nicht!» oder «Warum Krankheiten fürchten? Leichte Krankheiten führen nie zum Tod, sondern gehen vorbei, und an schweren Krankheiten stirbt man ohnedies.» Epikur soll auch angesichts seines Todes würdevoll geblieben und ganz im Sinne seiner Philosophie gestorben sein.

Vielleicht ist es vor allem das philosophische Gebäude, das uns Griechenland in jenem Lichte erscheinen läßt, unter dem wir es gerne sehen. Gelten die Römer als kriegerisches und letztlich maßloses Volk, attestiert man dem Griechen seit eh und je Weisheit und Würde, Schönheitssinn und Gerechtigkeitsstreben.

Letztlich war das griechische Weltbild tatsächlich Wegbereiter Europas, sogar über das Christentum. Man kann den Ausspruch wagen, daß es ohne Griechenland und griechische Philosophie kein Christentum und in dessen Folge keine abendländische Kultur gegeben hätte.

DIE GRIECHISCHE LANDSCHAFT

In Griechenland dominiert das Licht: Himmel und Sonne tauchen das Land in Helle, wie sie der Mittel- und Nordeuropäer das ganze Jahr hindurch ersehnt. Farbprospekte mit viel blauem Meer, viel blauem Himmel und vielen weißen Häusern prägen sein Wunschbild vom Ferienland im Südosten Europas. Geschickt setzen die griechischen Fremdenverkehrsstrategen die klimatische Vorzugsstellung ihrer Heimat ein, werben mit dem langen Sommer ihres Landes und dem Überangebot an Stränden, Wasser und Inseln. Es ist genau das, was der hektische Achtstundentagmensch aus dem «barbarischen Europa» benötigt; denn tief im Herzen halten sich die Griechen nach wie vor für die wahrhaft Wissenden und Erleuchteten – kein Wunder im Hinblick auf solch stolze Vergangenheit und solch gigantische Kulturtaten. Der griechische Mensch darf zu Recht als ein selbstbewußter, an keinerlei Identitätsproblemen leidender Staatsbürger bezeichnet werden. Die Fremden, die jetzt kommen, um sein Land zu besuchen, bestätigen ihm erneut, welch großartige Heimat er besitzt. Nur: für vieles kann der heutige Grieche gar nichts, und was ihm nicht die Natur schenkt, liefert ihm die Vergangenheit. Er wäre nicht der einzige Europäer, dessen Land mehr von der Vergangenheit denn von der Gegenwart lebte! Österreich wäre ein anderes solches Beispiel oder England. Aber die Römer hatten schon den Spruch geprägt: Tempora mutantur et nos mutamur in illis – die Zeiten ändern sich, und wir uns mit ihnen. Wie wahr!

Das beständig schöne Wetter des sommerlichen Griechenlands ist ein Geschenk der Natur. Als eine der drei Mittelmeerhalbinseln Europas hat es genauso Anteil am sommerlichen Hochdruckgürtel wie Italien und Spanien: das Roßbreitenhoch wandert mit der Sonne im Sommerhalbjahr nordwärts und liegt in den Monaten Juni bis August über dem Mittelmeer. Die Schlechtwetterfronten aus dem Nordatlantik (Islandtief) haben zu dieser Jahreszeit kaum Chancen, den Mittelmeerraum zu erreichen. Das Mittelmeerklima gilt daher als sommertrocken und winterfeucht, mit heißen Sommern und milden Wintern. Der geographisch Gebildete weiß, daß es in Griechenland im Winter, Frühjahr und Herbst regnet, vor allem im Winter. Gottseidank, sagt da der Grieche, denn würde es nicht ab und zu regnen, wäre Griechenland Wüste und würde sich von der Sahara nur wenig unterscheiden; dann aber wäre es auch nicht Ferienland und Ziel von Abermillionen von Besuchern. Übrigens: daß es im Winter im Mittelmeerraum regnet, erkennt man schon daraus, daß die Catanier im Winter am Ätna Ski fahren, die Sierra

Nevada in Spanien eben Sierra Nevada (verschneites Gebirge) heißt, und der Olymp in Griechenland viele Monate hindurch unter einer Schneedecke liegt. Selbst die Götter des Olymps hatten Hephaistos ersuchen müssen, ihnen winter- und kältesichere Quartiere zu bauen, die freilich nie ein Sterblicher gesehen hatte, denn erstiegen wurde der Olymp das erste Mal im vorigen Jahrhundert. Wer wäre früher so vermessen und so dumm gewesen, einen Berg zu ersteigen um des Kletterns willen? Auch der Großglockner, Österreichs höchster Berg, ist erst 1853 von Kals aus bezwungen worden!

Die sommerliche Hitze und Dürre wird gemildert durch die meist von April bis Oktober wehenden nördlichen Winde, die als Etesien oder Meltemi bezeichnet werden. Diese Etesien wehen mit großer Regelmäßigkeit im gesamten ostmittelmeerischen Raum und haben schon im Altertum die Segelschiffahrt begünstigt, vor allem in der Ägäis von Insel zu Insel. Flauten gibt es selten. Da die Winde trocken sind und die Luft somit wasserdampfarm, erhält der Himmel über Griechenland seine tiefblaue Färbung: wasserdampfreiche Luft läßt bekanntlich die Farben verwaschen erscheinen und ruft das diffuse Licht und den weißlichen Himmel hervor, der für das sommerliche Mitteleuropa mit seiner Schwüle so typisch ist.

Nichts von alledem in Griechenland: trockenes, sonnenverbranntes Land, tiefblaues Meer, kaum stürmisch, sondern meist mit glatter oder sanft gekräuselter Oberfläche; hineingestreut in die tintenfarbene Pracht die Eilande, rund 3000 an der Zahl (nur 130 davon sind bewohnt!), glitzernd die weiß gekalkten Häuser – denken wir uns einen Rahmen darum, und das Fremdenverkehrsklischee ist fertig. Die Statistik verrät, daß in Griechenland 3000 Stunden Sonnenschein pro Jahr durchaus nicht übertrieben seien.

Dem milden Klima (Julimitteltemperaturen zwischen 25 und 28 °C, Januarmitteltemperaturen zwischen 5 und 12 °C, je nach Lage) entspricht das Pflanzenkleid: es ist mediterran, das heißt in der Regel nicht laubabwerfend (Pinien, in höheren Lagen Tannen, Fichten, sonst Maulbeerbäume), es überwiegen die Trockensträucher, Palmen und als Kulturleitpflanze der Olivenbaum. Die Vegetation ruht in den trockenen Sommermonaten, während das Wachstum in den Wintermonaten meist ungehindert andauert; Fröste sind selten. Insgesamt haben die Botaniker 6000 verschiedene Pflanzenarten in Griechenland festgestellt, 250 davon sind auf Kreta endemisch, das heißt, sie kommen nur dort vor.

Getreide und Weinstock sind neben der Olive (Ölbaum) die beiden anderen wichtigsten Kulturpflanzen. Den Feigenkaktus schützen seine fleischigen Blätter gegen die sommerliche Verdunstung, ebenso überdauert die Agave, bekannt durch ihren hohen Blütenschaft, die heißen Monate des Jahres ohne Schaden. Das Getreide muß vor der Sommerdürre im Juni geerntet werden, sonst verdorrt es, Olive und Wein überstehen die trockene Zeit besser. Interessant ist, daß die Zitrusfrüchte, der Tabak und die Baumwolle im antiken Griechenland unbekannt waren, obwohl sie heute zum selbstverständlichen Vegetationsbild des Landes gehören.

Interessant ist die Geschichte der nicht unter Kultur genommenen Landschaft, die heute meist von Macchie, einer von Dornbüschen durchsetzten steppenartigen Vegetationsdecke, bestanden ist. Die Höhen der griechischen Berge waren in der Frühzeit der Menschheit mit Sicherheit noch bewaldet. Erst Schiffbau und Viehzucht (vor allem die Schafherden) haben das natürliche Waldkleid verschwinden lassen: die Hirten brannten die Bäume nieder, um Weiden für ihre Tiere zu gewinnen, die Ziegen ihrerseits verhinderten durch ihr beständiges Weiden jede natürliche und auch künstliche Wiederaufforstung; als Folge verkarsteten die Berge – heute ragen sie rötlichbraun in den tintenblauen Himmel, beileibe kein schöner Anblick.

Die Verkarstung der Berge wirkt sich auch auf die Täler aus: solange noch Wald die Hänge bedeckte, waren die Täler Griechenlands und seine Schwemmlandebenen wasserreich und fruchtbar; heute sind die Hänge der Berge steinig und nahezu ohne Bodenkrume, das Wasser schießt nach Regenfällen zu Tal und rinnt ab; in den Trockenmonaten sind auch die Täler ausgetrocknet, und nur künstliche Bewässerung beziehungsweise an den Wasserhaushalt angepaßte Pflanzen machen eine Kultivierung des Bodens möglich; viele Hänge sind terrassiert, um den wenigen Humus und das Regenwasser zu halten, Steinmäuerchen schützen vor Ab- und Ausschwemmung. Unvernunft des Menschen hat das einst blühende Land ruiniert – eine Tatsache, die uns im gesamten Mittelmeerraum begegnet, vom entwaldeten Libanon bis nach Spanien oder gar Libyen und Tunesien, die schon Wüste geworden sind.

Griechenland bedeckt den südlichen Teil des Balkans, einer jener drei Halbinseln, die Europa in das Mittelmeer vorschickt: dies erklärt auch die geographische, morphologische und klimatische Verwandtschaft mit Italien und Iberien. Strategisch gesehen genießt Griechenland dennoch eine Sonderstellung: es bildet eine natürliche Brücke zum asiatischen und zum afrikanischen Kontinent. Die vom Norden her kommenden Gebirge, vor allem der Pindos, tauchen ins Meer und treten in ihren höchsten Erhebungen als Inselköpfe wieder ans Tageslicht. Das Othrys- und das Peliongebirge finden ihre Fortsetzung in der Insel Euböa (griech. Evvia), die Halbinsel Attika setzt sich, geologisch gesehen, in den Kykladen fort, die peloponnesischen Ketten des Parnon und Taygetos leiten nach Kreta, Karpathos und Rhodos über. Auch die Ionischen Inseln sind «nur» durch schmale Meeresarme vom Festland abgetrennte Landesteile.

Diese glückliche Lage mußte das Meer zur Heimat der Griechen machen, mußte ihre weltoffene Geisteshaltung prägen und sie zu Mittlern zwischen den Völkern und Kulturen des östlichen Mittelmeerraumes bestimmen: Das Meer war in der Ägäis nie Trennung oder Hindernis – im Gegenteil, es war Verbindung, denn die Vielzahl von kleinen und kleinsten Inseln ermöglichte Schiffahrt schon mit primitivsten Booten, da jederzeit ein Hafen und eine Orientierungshilfe gegeben waren.

Man könnte daraus einen Vergleich konstruieren: Haben sich die ältesten Zivilisationen der Welt in Flußoasen gebildet (Mesopotamien, Ägypten), so hat sich die älteste Kultur Europas am

Meer entwickelt, im steten Austausch und Handel mit den nahen Kulturzentren Afrikas und Asiens. Es konnte gar nicht anders kommen – kann man jetzt sagen, einige Tausende Jahre danach. Nicht von ungefähr kam auch das Christentum, ein Höhepunkt philosophischen Denkens überhaupt, aus dem Kulturdreieck der Levante.

Geographisch kann Griechenland in zwei Hauptteilen gesehen werden: Festlandgriechenland und Inselgriechenland. Das festländische Griechenland ist gegen Norden, gegen den «Rest» des Balkans, durch mächtige Gebirge geschützt und gesichert. Hier blockieren die Kalkstöcke des Grammos, Vernon, Paikon, Kerkini, Vrontou und der Rhodopen den Zugang nach Epirus, Makedonien und Thrakien und lassen nur an der Ostküste Griechenlands eine eher schmale Völkerstraße zum Hellespont (den heutigen Dardanellen) offen, die heute als Aufmarschgebiet gegen den Erzfeind Türkei benutzt wird. Anläßlich der letzten Zypernkrise rollten griechische Panzerketten gegen Osten und nahmen an der Marica (griech. Evros), dem thrakischen Grenzfluß gegen die Türkei, Aufstellung.

Die Topographie, das Relief Griechenlands, ist vielgestaltig; der Pindos gleicht einem Rückgrat und wird auch als solches in bezug auf Griechenland angesprochen. Auf engstem Raum türmen sich mächtige Berge: höchster Gipfel ist der Olymp mit 2917 m, alter, ehrwürdiger Göttersitz an der Grenze zwischen Thessalien und Makedonien. Der Pindos erreicht mehrmals über 2500 m, der phokische Parnaß im Osten Delphis ist 2457 m, die peloponnesischen Berge sind knapp 2400 m hoch; selbst die kretischen Berge reichen in Höhen über 2450 m. Damit wird ein Wesenszug der griechischen Topographie klar erkennbar: auf engstem Raum drängen sich hohe und höchste Stöcke und Gipfel, gepaart mit schmalen, kleinen Beckenlandschaften und Schwemmlandebenen, die von verhältnismäßig kurzen Flüssen aufgeschüttet wurden. Die einzelnen Talschaften sind über oft nur schwer bezwingbare Pässe untereinander mehr getrennt als verbunden, querliegende Gebirgsblöcke gliedern die einzelnen Täler in einzelne Teillandschaften. Nur wenige größere Becken kennt Griechenland: die Ebene des Axios westlich von Thessaloniki, die Thessalische Mulde um Larisa und Karditsa, die Flußlandschaften um den Nestos und Strymon in Makedonien und einige schmale Küstenebenen.

Die Küste Griechenlands ist stark gegliedert, intensiv gezähnt, mit unzähligen kleineren und größeren Buchten versehen. Es ist diese Aufgelöstheit und Bewegtheit, diese Vielfalt an Form und Farbe der Küsten, die Griechenland seine ungewöhnliche Schönheit verleiht. Die Vielzahl oft bestens geschützter Buchten ermöglichte die Anlage von Häfen und begünstigte schon im Altertum den Wandel der griechischen Einwanderer von Landbauern zu Seefahrern. Letztlich entschieden die Enge so mancher Buchteinfahrten und die nahe ans Festland rückenden Inseln auch Schlachten – so 480 v.Chr. die Seeschlacht von Salamis im engen Sund zwischen Insel und attischer Küste. Diese reiche Gliederung der griechischen Küste verleiht dem Land eine Küstenlänge (inklusive die Inselküsten) von über 15 000 km.

Nord- und Mittelgriechenland teilen sich in eine Reihe von bekannten Landschaften: Epirus im Nordwesten, Makedonien und Thrakien im Norden, Thessalien im Osten. In Mittelgriechenland liegen die klassischen Landesteile von Ätolien, Lokris, Phokis, Böotien (das Land der Rinderleute) und Attika mit der Hauptstadt Athen (griech. Athinai). Der Golf von Korinth und der Golf von Ägina (Saronischer Golf) trennen den (oder die) Peloponnes vom übrigen Festlandgriechenland. Nur über den 6 km breiten Isthmus (die Landenge von Korinth), der heute von dem 1882/83 angelegten Kanal von Korinth durchschnitten wird, hat der Peloponnes mit dem übrigen Griechenland Verbindung. Brücken überqueren den schmalen Durchstich, der nur kleine Schiffe aufnehmen kann und der schon in den Geistern der antiken Hellenen spukte: Damals hatte man die Holzschiffe über eine Schleifbahn die sechs Kilometer über Land gezogen, um sich die Umfahrung des Peloponnes zu ersparen.

Der Peloponnes trägt sieben Provinzen: Argolis, Kynurien, Lakonien (die Heimat der Spartaner), Messenien, Elis, Arkadien und Achaia. Hier wird der Mythos lebendig: Agamemnon und Klytämnestra, Menelaos und Helena, Jason und Medea und Orestes und Elektra. Die wilde, dürre, vertrocknete Landschaft des Peloponnes konnte nichts anderes als die Spartaner hervorbringen, deren Leben nur auf Zucht und Ordnung, auf Gehorchen und Militarismus ausgerichtet war, eine Polis, in der es kein Verzeihen und keine Liebe gab, kaum schöne Künste und in der, bis auf die Erinnerung, nichts Bleibendes geschaffen wurde.

In mehreren Fingern greift der Peloponnes in das Mittelmeer vor. Südlichster Festlandpunkt ist das Kap Tainaron (Matapan), zu dem keine Straße führt, wo die Bewohner der isolierten Ortschaften Alika, Vathia, Miane und Porto Kagio sich noch immer in Blutrache zerfleischen und in wehrhaften Geschlechtertürmen wohnen; jedes Geschlecht, jede Familie versucht einen höheren Wohnturm zu bauen als die andere. Hier ist die Zeit stehengeblieben, hier ist der mediterrane Menschenschlag so mediterran wie sonst nirgendwo mehr, man könnte auch sagen sizilianischer als in Sizilien. Der Peloponnes ist eine wilde Landschaft: durch Gebirge stark gekammert, verkarstet, zumeist als Schafweide genutzt und nur im Nordwesten, in Achaia, durch Ackerbau, Weinberge, Ölbaumwälder und Agrumenhaine intensiv genutzt. Auch Elis ist fruchtbar, und die Küstenebene von Messenien trägt Agrumenkulturen.

Der Westen Griechenlands wird unter dem Einfluß südwestlicher Winde stärker beregnet als der Osten. Hier fallen bis zu 1300 mm Niederschläge im Jahr, und die Winter sind milder. Der Osten hingegen, wie das gesamte Randgebiet der Ägäis, ist weitaus trockener: hier regnet es nur rund 350 mm pro Jahr (Wien: 676 mm pro Jahr). Den heißen Sommern des Ostens stehen auch kältere Winter gegenüber: festländische Luft aus dem Nordosten kann ungehindert einströmen, während die Westküsten durch die griechischen Gebirgsstöcke besser davor geschützt sind. Diese klimatischen Unterschiede wirken sich einerseits auf die natürliche Vegetation, andererseits auf die Landnutzung aus.

DIE WIRTSCHAFT

Besiedlung und Landnutzung Festlandgriechenlands folgen fast ehernen Gesetzen: Leicht war es nie, auch im Altertum nicht, das Land zu bestellen, und die Bauern hatten stets harte Arbeit zu leisten, Terrassen anzulegen, Steinmäuerchen zu bauen, Bewässerungsanlagen instand zu halten, Trinkwasser zu besorgen und sich gegen Überschwemmungen zu schützen. Um den wenigen fruchtbaren Boden nicht zu verlieren, aus Gründen des Schutzes und der Sicherheit, wurden die griechischen Dörfer und Städte kaum jemals in der Ebene angelegt, und wenn, dann selbst hier auf kleineren Hügeln oder an Hängen. Die wichtigsten Orte lagen am Meer, aber doch ein wenig landein, um vor Angriffen vom Wasser her gefeit zu sein.

Die natürliche Kargheit des Bodens hat zur Folge, daß sich Griechenland heute nicht aus Eigenem ernähren kann: Brotgetreide muß eingeführt werden, dafür gehen die Oliven, Zitrusfrüchte und vor allem die getrockneten Weinbeeren, die Korinthen, in den Export. Das wichtigste Haustier des griechischen Landbewohners ist das Schaf: seit eh und je sind die Hellenen mit ihren Schafherden über die kargen Weiden des Landes gezogen, Mythen und Sagen berichten vom Leben des Schäfers, und das Bild des kleinen Hütejungen, der im trockenen Gras eines Sommertages liegt, sich und die Welt vergessend, entspricht so ziemlich den Tatsachen.

Ein reiches Land, wirtschaftlich gesehen, ist Griechenland nicht. An Bodenschätzen ist es arm: außer Braunkohle, Bauxit und kleineren Vorkommen von Chrom, Blei, Zink, Eisenerz und Nickel finden sich kaum nennenswerte Produkte. In der Ägäis wird allerdings Erdöl vermutet. So bleiben Griechenlands Hauptausfuhrgüter auf landwirtschaftliche Erzeugnisse beschränkt: Tabak, Korinthen, Baumwolle, Wein, Olivenöl und Südfrüchte. Textilfabriken verarbeiten teils eingeführte, teils im Land gewonnene Baumwolle und Wolle und exportieren auch Textilien in kleinerer Menge. Bei weitem bedeutender sind der Schiffsbau und vor allem die griechische Handelsflotte. Die griechischen Großreeder Onassis und Niarchos sind jedem Zeitungsleser ein Begriff, die Lebensgeschichte Aristoteles Onassis' liest sich wie ein Roman: angefangen vom Hafenruderer in Buenos Aires bis zum Gatten einer Präsidentenwitwe, trotz Reichtum von Schicksalsschlägen verfolgt (sein Sohn starb bei einem Flugzeugunglück), Milliardär und Berühmtheit, ein Aushängeschild nabobschen Griechentums, Händler und Geldfürst, ein Krösus.

So reich der eine, so wohlhabend einige, so arm die vielen. Griechenland ist auch auf wirtschaftlichem Gebiet ein typisches Mittelmeerland. Es ist nicht das ärmste der europäischen Mittelmeerländer, rangiert aber, was den europäischen Durchschnitt betrifft, nahe dem Schluß der Tabelle. Einige Zahlen sollen das wirtschaftliche Bild des Landes transparenter machen.

Das Bruttosozialprodukt je Einwohner betrug 1974 in Griechenland 1970 US-Dollar. Im Vergleich dazu: Italien 2770, Österreich: 4050, BRD: 5890 US-Dollar. Fortsetzung Seite 75

Freudig spannte der Held im Winde die schwellenden Segel.
Und nun setzt' er sich hin ans Ruder, und steuerte künstlich
Über die Flut. Ihm schloß kein Schlummer die wachsamen Augen,
Auf die Pleiaden gerichtet, und auf Bootes, der langsam
Untergeht, und den Bären, den andre den Wagen benennen,
Welcher im Kreise sich dreht, den Blick nach Orion gewendet,
Und allein von allen sich nimmer im Ozean badet.
Denn beim Scheiden befahl ihm die hehre Göttin Kalypso,
Daß er auf seiner Fahrt ihn immer zur Linken behielte.
Siebzehn Tage befuhr er die ungeheuren Gewässer.
Am achtzehnten erschienen die fernen schattigen Berge
Von dem phaiakischen Lande, denn dieses lag ihm am nächsten;
Dunkel erschienen sie ihm, wie ein Schild, im Nebel des Meeres.

HOMER
(Odyssee, Fünfter Gesang, Verse 269–281, um 800 v.Chr.)

Übertragung aus dem Griechischen von Johann Heinrich Voß

53 Der Fischer im weiten, lichtdurchfluteten Meer – ein Bild, das über Jahrhunderte hinweg seine Gültigkeit bewahrt hat.

54 Bei Kap Sunion schlägt die Brandung an die stark zerklüftete Felsküste.

56 Ebbe an der flachen Küste der Insel Lesbos.

58 Bunte Fischerboote in Skala, dem Hafen von Thera.

59 Der malerische Bootshafen von Hydra. Einige Boote sind mit Scheinwerfern für den frühmorgendlichen Fischfang ausgerüstet.

60 Der Kanal von Korinth, 1881–1893 gebaut, verbindet das Ionische mit dem Ägäischen Meer. Pläne für den Durchstich der Landenge zwischen Attika und Peloponnes bestanden schon im Altertum.

63 Mächtige Kalkbänke bilden die Steilküste bei Sidarion im Norden der Insel Korfu.

64 Fischer in Ägina laden ihre Netze aus. Die Insel, im Altertum ein wichtiger Handelsplatz, ist heute Naherholungsgebiet für die Athener Bevölkerung.

66 Ein Pope auf Kalymnos legt eine Reuse aus.

67 In Kaiki auf der Kykladeninsel Mykonos werden die Fischernetze in die Boote eingeladen.

68 Hoher Wellengang bei Stomion an der thessalischen Küste. Für die Fischer ist das Meer wie eh und je Lebensgrundlage, aber auch eine Gefahr.

70 Ein guter Fang? Dieser Mann auf der Insel Spetse löst sorgfältig einen Fisch aus den Maschen des Netzes.

71 Nach dem Fischzug wird der Fang gesichtet und sortiert.

72 Fischer auf Mykonos.

73 Zeit der Muße – Männer am Hafen von Limenas auf der Insel Thasos.

74 Abendstimmung bei Hydra.

DAS LICHTVOLLE MEER

GEBET UM GLÜCKLICHE SEEFAHRT

Phoibos, Herr der leukadischen Höh, die, Schiffern ein Wegmal,
In des Ionischen Meers spülender Welle sich türmt,
Nimm diese Speise der Segler, dies Brot, mit Händen geknetet,
Und aus bescheidenem Krug Wein, dir zur Spende gemischt.
Nimm auch die Lampe mit kärglichem Licht, die vom sparenden Ölkrug
Ihren halbtrunkenen Mund langsam mit Leben benetzt.
Schirme mich gnädig dafür und sende den Segeln des Fahrwinds
Milde geleitenden Hauch bis in den aktischen Port.

PHILIPPOS VON THESSALONIKE
(um 40 n.Chr.)

Übertragung aus dem Griechischen von Eduard Saenger

DIE INSELN IM ÄGÄISCHEN MEER

Trümmer von Ländern, ihr Inseln umher, verlassen und öde,
Die des Ägäischen Meers rauschender Gürtel umschlingt,
Sporadisch starrendem Fels, der Kykladen dürren Gefilde
Gleichet ihr arme, der Glanz früherer Jahre erlosch.
Delos ward euch Muster der Einsamkeit, strahlend im Reichtum
Vormals, traf sie zuerst dieses verderbliche Los.

ANTIPATROS VON THESSALONIKE
(augusteische Zeit)

Übertragung aus dem Griechischen von Christian Friedrich Wilhelm Jacobs

Die Anzahl der Telefonanschlüsse zeigt ein ähnliches Bild: auf 1000 Einwohner entfielen 1973 in Griechenland 187, in Italien 229, in Westdeutschland 287, in England gar 340 Anschlüsse. Auch was die Zahl der Autos betrifft, ist Griechenland eher bescheiden: 1975 kamen auf 1000 Einwohner 49 Personenwagen. In Österreich waren es 358! Interessant ist ein Vergleich der Berufsstruktur einiger europäischer Länder. Von den Erwerbstätigen arbeiten:

	in der Landwirtschaft	in der Industrie	im Dienstleistungssektor
in Griechenland	52%	20%	28%
in Jugoslawien	44%	27%	29%
in Spanien	31%	36%	33%
in Italien	19%	44%	37%
in Österreich	16%	41%	43%
in der Schweiz	8%	48%	44%
in der BRD	9%	50%	41%
in Schweden	9%	40%	51%

Statistiken muß man lesen können, sonst verwirren sie oder werden sogar als fad empfunden. Daher sagt das oben genannte Zahlenmaterial zwar sehr viel, aber noch immer nicht alles aus. Eindeutig wird, daß in keinem Land außer Griechenland so viele Menschen in der Landwirtschaft beschäftigt sind. Dies mag als Alarmzeichen gelten und die schlechte wirtschaftliche Struktur des Landes deutlich vor Augen führen: noch arbeiten mehr als die Hälfte der Erwerbstätigen in der Land- oder Forstwirtschaft und in der Fischerei, was üblicherweise in einem Sektor zusammengefaßt wird.

Geradezu katastrophal aber wird das Bild Griechenlands, wenn man seine Wirtschaftsleistung, allgemein als Bruttosozial- oder Bruttonationalprodukt bezeichnet, auf die drei oben genannten Sektoren aufschlüsselt. Dann ergibt sich wertmäßig folgende Verteilung:

	Landwirtschaft	Industrie	Dienstleistungssektor
in Griechenland	16,9%	31,6%	51,5%
in Österreich	5,8%	49,9%	44,3%

Das heißt mit anderen Worten: mehr als die Hälfte der erwerbstätigen Griechen erwirtschaften nur rund ein Sechstel des Landeseinkommens. Man kann sich vorstellen und leicht ausrechnen, wie es um den Lebensstandard der griechischen Landbevölkerung bestellt ist. Statistiken können also doch recht interessant sein und verraten dem Interessierten weit mehr als noch so bunte Ferienprospekte. Übrigens: jeder Griechenlandreisende weiß dies ohnedies; vielleicht nicht in nackten Zahlen, vielleicht auch nicht so eindeutig interpretiert, aber doch gefühlsmäßig, wenn er die «Romantik» und «Verträumtheit» der griechischen Berg- und Inseldörfer beschreibt und von ihnen schwärmt. Dieses Schwärmen aber ist ein grobes Ignorieren und Leugnen der tatsächlichen Verhältnisse: schön oder romantisch ist eine griechische Siedlung nur für den, der sie auf eine Stunde oder einen Tag besucht. Die einfachen Steinhäuser im Peloponnes, die einprägsamen Geschlechtertürme im Taygetos, die so rein strahlenden Wohnkuben von Ios oder Skyros sind in Wahrheit Behausungen armer und ärmster Menschen mit einem Monatseinkommen, das oft weit unter dem Wochenlohn eines Mitteleuropäers liegt.

Daher lebt der Griechenlandbesucher auch nicht mit der griechischen Bevölkerung, sondern neben ihr: in modernen Hotels, angepaßten Herbergen, in besseren, wenn nicht sogar noblen Restaurants – denn er kann sich ja Griechenland leisten; es ist ja alles so billig. Kein Wunder, wenn man die Prokopfeinkommen von Griechenland und der BRD vergleicht.

FESTLANDGRIECHENLAND

Griechenland hat – das wurde bereits festgehalten – rund 15 000 km Küsten: für die relativ bescheidene Fläche von 131 900 km² eine beachtliche Länge. Griechenland liegt im Bereich des mittelmeerischen Klimas mit zumeist schönen und regenarmen Sommern. Damit wird Griechenland zum Zielgebiet der sonnenhungrigen Sommerurlauber. Sommer und Sonne aber verleiten zum Baden, zur Erholung am Meer – daher sind es vor allem Griechenlands Küsten, die den Touristen anziehen, die ihm attraktiv erscheinen. Das Innere Festlandgriechenlands interessiert weit weniger – es sei denn, man besucht die antiken Stätten, die Tempel und Haine, man folgt den Spuren der Geschichte und den Taten der Großen vergangener Zeiten, man interessiert sich für die Siedlungen und die Klöster, die sakralen Bauten. Im Sommer aber, wenn die Sonne vom Himmel brennt und der Himmel blau ist? Wenn man nach Abkühlung lechzt und selbst die Natur in schlaffer Erstarrung verbrennt und ihr Kleid vom saftigen Grün des Frühlings zum trockenen Braun des Hochsommers wechselt?

Makedonien und Chalkidike bieten von beidem in ausreichendem Maße: der Kunstinteressierte wie der Sonnenanbeter werden auf ihre Rechnung kommen – und manche werden beide Sphären harmonisch zu verbinden wissen. Der ganze Glanz der byzantinischen Epoche spiegelt sich in diesem Landesteil Griechenlands: in den herrlichen Kirchen Thessalonikis, vor allem aber in den einmaligen Klosterbauten des heiligen Berges Athos, in den Eremitagen von Agion Oros. Drei Halbinseln sind es, die sich fingerartig von Chalkidike aus in die nördliche Ägäis schieben und die Ausläufer des Berglandes von Chalkidike tragen: den höchsten Punkt erreichen die Gipfel auf der östlichsten Halbinsel, im 1935 m hohen Athos, der zugleich als Mönchsrepublik einen autonomen Status hat. Zwanzig Klöster liegen rund um den heiligen Berg, die insbesondere von griechisch-orthodoxen Mönchen seit dem 10. Jahrhundert hier errichtet wurden. Bis 1913 war die Mönchsrepublik selbständig, seither gehört sie zu Griechenland: ihr Betreten ist Männern vorbehalten, uralte Tradition asketischen Mönchtums, das im Weiblichen seit jeher sittliche Bedrohung gesehen hat: Teufel (Versuchung), dein Name sei Weib!

Die vom Kunstgenuß ausgeschlossenen Frauen finden in den beiden anschließenden Halbinseln oder in Thessaloniki Entspannung und Erholung genug: Hotels, Campingplätze und Badestrände machen die Nordägäis um Chalkidike zu einem bevorzugten Urlaubsgebiet für Leute, die nicht die um vieles weitere Strecke in den Süden Griechenlands auf sich nehmen wollen. Endlose Strände, viele geschützte, kleine Buchten, flache und steile Küsten wechseln einander ab. An die Stelle von Wäldern sind die weiten Macchieflächen getreten, auf denen dornige Büsche das typische mediterrane Pflanzenkleid bilden. Auf den Ebenen des makedonischen Hinterlandes hingegen stehen fruchtbare Äcker, auf denen vor allem Tabak angebaut wird, Melonen reifen, Mais und Weizen gedeihen; um das Gebiet von Kavala wächst eine der besten Tabaksorten der Welt. Und hart an der Grenze gegen die Türkei, im Mündungsdelta der Marica, findet der Ornithologe seltene Wasservögel, der Fischer Schwämme.

Die östliche Festlandküste gegen die Ägäis ist eine abwechslungsreiche Landschaft mit breiten Buchten und schmalen Durchgängen, durchsetzt von kleinen Fischerdörfern und kleinen Städtchen. Die Küste ist relativ jung: erst vor 300000 Jahren trennten sich die Insel Euböa und die nördlichen Sporaden vom Festland ab, das Meer brach in die entstandene Landsenke ein. Besonders auf dem Stück zwischen der Meerenge von Chalkis bis zum Peliongebirge sind Euböa (Evvia) und Festlandgriechenland stark ineinander verzahnt und geben noch Zeugnis von ihrer ehemaligen Verbindung.

Faszination übt der Pelion aus, jener Höhenzug (1618 m), der das Becken von Larisa, die Kornkammer Griechenlands, gegen die Ägäis abschirmt. Auf seinen bewaldeten Höhen liegen romantische Häuser mit holzgeschnitzten Decken und kunstvoll bemalten Wänden. Platanen riesigen Ausmaßes spenden Schatten, kleine Bäche sprudeln, herrliche Aussichten öffnen sich über das Blau der Ägäis oder die ruhige Bucht von Pagasetikos. Es ist ein Gebiet, das mehr von den Griechen selbst aufgesucht wird, als von Ausländern. Verschwiegene Ortschaften wie Trikeri haben sich zur Gänze ihren einheimischen Charakter bewahrt. Ähnlich verhält es sich im Gebiet um Platamon, nördlich der Piniosmündung und nicht weit vom Olymp entfernt, wo der Pinios im engen Tempetal die randlichen Gebirgsketten des Ossagebirges durchbricht, bevor er bei Omolion in die Ägäis mündet.

Im thessalischen Inneren, am östlichen Abfall des Pindos, hat sich Griechenlands bizarrste Landschaftsform entwickelt: das Gebiet um Meteora mit seinen berühmten Klöstern. Manche Autoren vergleichen das abstruse Felsendiarama mit einer trockengelegten Kulisse, wie sie sonst nur Tauchern auf dem Meeresgrund offenbar wird. Mächtige Felsdome türmen sich in das Blau des thessalischen Himmels, werden bis zu 500 m hoch und tragen auf ihren Gipfeln wie Vogelnester klösterliche Einsiedeleien. Mit Netzen und Seilen wurden die Mönche noch bis vor kurzem in ihre luftigen Behausungen gehievt, und der Betrachter stellt sich unweigerlich die Frage, wie man diese Eremitagen, die Klöster zwischen Himmel und Erde, wohl gebaut haben mochte. Die Sage spricht von einem Adler, dem man ein Seil an das eine Bein gebunden habe, um in die schwindelnden Höhen zu kommen. Immerhin stehen manche Klöster schon 1000 Jahre, und die Frage nach ihrer Erbauung scheint genauso schwierig zu beantworten zu sein wie jene nach den Kunstbauten der Inkas oder die nach den Erbauern der Fundamente von Baalbek im Libanon. Insgesamt wurden im letzten Jahrtausend 24 Klöster errichtet, darunter auch ein Frauenkloster – heute sind nur noch fünf von jeweils einigen wenigen Mönchen bewohnt und bewirtschaftet. Auch das Frauenkloster besteht noch.

Die thessalischen Ebenen des Inneren sind Getreidekammern, andere mediterrane Kulturen gedeihen hier nicht, der mildernde Einfluß von Mittelmeer und Ägäis ist durch den Pindos und die ägäischen Randgebirge wie Ossa und Pelion ausgesperrt. Schon im Altertum sprach man von der Kornkammer Griechenlands – und bis heute hat sich kaum etwas an der wirtschaftlichen Bedeutung dieses Raumes geändert. Mittelpunkt des Beckens ist Larisa.

Jenseits des Pindos dehnt sich Epirus, eine vorwiegend von dinarischen Kalkketten durchzogene, karge, wilde Landschaft. Es ist das Reich des alten Königs Pyrrhos, dessen Pyrrhussiege über die Römer (280 und 279 v.Chr.) noch heute in der bekannten Redewendung Verwendung finden. Epirus ist ein kahles Gebiet, mit kümmerlichem Ackerbau und vorwiegend extensiver Viehzucht, die in Form von Transhumanz gepflogen wird: unter Transhumanz versteht man das Mitwandern der Menschen mit ihren Herden, um die Weiden den jahreszeitlichen Verhältnissen entsprechend optimal zu nutzen. Die epirischen Schaf- und Ziegenherden verbringen den Winter in Thessalien oder in den wärmeren Ebenen Ätoliens.

Inmitten dieser kahlen Landschaft liegt südlich von Ioannina das alte, dem Zeus geweihte Orakel von Dodona. Der Göttervater selbst soll aus dem Rauschen der Eichenblätter gesprochen haben – mit dem Aufblühen von Delphi schwand allerdings die Bedeutung von Dodona, und bis 1876 blieb selbst die Stelle, an der das Orakel gestanden hatte, verschollen. Heute ist das antike Theater von Dodona (Dodoni) wieder freigelegt.

Die Küsten von Epirus (Ipiros) und Ätolien (Ätoloakarnania) sind die am wenigsten frequentierten ganz Griechenlands. Sie sind damit dem Küstenstreifen vor dem Peliongebirge verwandt und haben, wie dieser, einheimisches Brauchtum und unverfälschtes Griechenland bewahrt. Die Vorberge des Pindos dominieren die buchtenreiche ionische Küste, an der sich mittelgroße Städte (Igoumenitsa und Preveza) sowie manche romantische Fischerdörfer (wie zum Beispiel Parga) befinden. Der Golf von Arta trennt Epirus von Akarnanien und Ätolien, zwei Landschaften Mittelgriechenlands, die verhältnismäßig stark bewaldet und von vielen seenerfüllten Senken durchzogen sind. Der Acheloos, ein wasserreicher Fluß aus dem Pindos, hat in Niederätolien ein mächtiges Delta mit weiten Schwemmlandebenen aufgeschüttet, auf denen intensiv Mittelmeerkulturen gezogen werden: Wein, Agrumen, Gemüse, Obst beherrschen die Landwirtschaft dieses Gebietes, das allerdings wenig Sehenswertes bietet.

Anders wird es im Hinterland des nordkorinthischen Meers, in den alten Landesteilen von Lokris, Phokis und Böotien. Silbrige Olivenbäume säumen die Küste, die sich buchtenreich am Fuße des Parnassos und Helikon schlängelt. Pinien säumen den alten Hafen Nafpaktos, der noch von zinnengekrönten Mauern flankiert ist; herrschaftliche Häuser prägen die Stadt Galaxidi, kleinbürgerlicher gibt sich Itea am Fuße des Parnaß. Rund zwanzig Kilometer sind es von hier nach Delphi, dem berühmten Orakel der Griechen mit den mageren Resten des Apollontempels. Das Heiligtum selbst liegt auf einer Terrasse an der Felswand der Phädriaden hoch über der Schlucht des Pleistos. Hier saß die Seherin Pythia auf einem Dreifuß über einem Erdspalt, aus dem Dämpfe stiegen, gab zwei- oder mehrdeutige Orakelsprüche von sich – und machte Geschichte. Französische Archäologen gruben das in Vergessenheit geratene Heiligtum schließlich wieder aus dem Staub der Geschichte.

Attika, Böotien und Phokis sind offene, durchgängige Landschaften, die östlich des Parnaß (2457 m) wellige Hügelländer bilden. Nördlich der Gionagruppe (2512 m) in Phokis liegen die berühmten Thermopylen (Thermopylai), der Engpaß zwischen dem Öta und dem Meer, ein Hohlweg zwischen steilabfallenden Bergwänden, der zu Zeiten des klassischen Hellas kaum für einen Wagen Platz genug bot. Hier kämpfte der spartanische König Leonidas 480 v.Chr. vergeblich gegen die persische Übermacht.

Der fruchtbare mittelgriechische Raum hat schon im Altertum zur Besiedlung gereizt: hier entstanden Theben und Athen, hier massierte sich die griechische Kultur, hier ist sie auch heute noch am dichtesten nacherlebbar. Zwischen Isthmus und Kap Sunion reihen sich in endloser Linie Villen, Hotels und Bungalows entlang der Küste: hier ist der Reichtum Athens nahe, Mittelstand und Wohlhabende drängen um einen Platz an Sonne und Meer. Bunt zieht sich der Bogen an Sehenswürdigkeiten vom durch seine Sonnenuntergänge berühmten Kap Sunion über den Artemistempel in Vravrona bis zu den mondänen Marinen von Vouliagmeni und Zeas in Piräus (Pireefs). Pinienbäume und blaues Meer beherrschen die lichtumflutete Apollonküste, das Nahausflugsgebiet der Millionenstadt Athen, Kernpunkt des geistigen und künstlerischen Lebens Griechenlands, mit ihrer Unzahl an klassischen und byzantinischen Sehenswürdigkeiten, dem Reichtum an Museen und letztlich dem Flair einer zugrunde gegangenen Kultur, auf der die unsrige, die heutige, zum großen Teil basiert.

An sechs Kilometern Land hängt der Peloponnes mit seinen Landschaften Arkadien, Argolis, Achaia, Elis, Messenien, Lakonien und Kynurien. Seine Küstenformen sind vielfältig und durch touristische Einrichtungen stellenweise bestens erschlossen. Der Peloponnes ist reich an Sehenswürdigem und Historischem: in Mykene fand Schliemann 1874 den sagenhaften Goldschatz der Atriden, in Epidaurus (Epidavros) östlich von Nauplia (Nafplion) öffnet sich ein großartiges Theater den Blicken des Betrachters, das als schönstes der antiken Welt gilt. Nach wie vor werden in ihm griechische Dramen aufgeführt, und den «Agamemnon« zu erleben ist immer wieder ein Höhepunkt, wenn Handlung, Naturkulisse und Spiel des abendlichen Lichts aufeinander abgestimmt erscheinen. Im nicht weit davon entfernten Alt-Korinth stehen noch sieben Säulen des antiken Apollontempels aus dem 6. vorchristlichen Jahrhundert, und an die Römerzeit erinnert das Quellenhaus von Peirene: die vielen zerfallenen Nischen und die Reste eines bunten marmornen Wasserbeckens zeugen von der verschwundenen Pracht.

Olympia, nahe der Westküste des Peloponnes, liegt in einer lieblichen Landschaft, hineingebettet in das Alpheiostal, im Schatten mächtiger Kiefern und geprägt von geborstenen Säulen: hier ist der Platz ewigen Götterfriedens, hier haben die Griechen alle ihre Streitigkeiten vergessen und das Symbol des friedlichen Wettkampfes für alle Zeiten geprägt. Der nahe Heratempel aus dem 7. vorchristlichen Jahrhundert ist einer der ältesten griechischen Tempel überhaupt – die Verwitterung seiner Säulen läßt es erkennen. Von Wind und Wetter blankgeschliffene Wasserspeier erinnern an die hohe Kunst der Antike, und die letzten Trümmerreste des berühmten Zeustempels liegen, wie von einem einzigen Hieb gefällt, am Boden. In diesem Tempel, einem der sieben Weltwunder aus der Zeit der Antike, stand die Zeus-Statue des Phidias – längst vergangene Pracht höchster künstlerischer Vollendung. Erhalten geblieben ist das Tor, durch das die Athleten ins Stadion zogen, und wenn die Sonne durch das tauglitzernde Geäst des im Morgengrauen dampfenden Kiefernhaines scheint, nimmt der Zauber Olympias unweigerlich all jene gefangen, die sich vor dem Ethos der Antike beugen wollen.

Ein weiteres Relikt aus dem heroischen Hellas erhebt sich inmitten der arkadischen Landschaft südlich von Elis: der berühmte Apollontempel von Bassae (Vassé), der erst im 18. Jahrhundert wiederentdeckt wurde. Die dazugehörige Stadt Phigalia ist nicht mehr erhalten – sie ist aus der Geschichte getreten, als hätte sie nie existiert.

Auch im südlichen Messenien sind archäologische Fundstätten von Interesse: in Pylos, der Stadt des antiken Königs Nestor, wurden der mykenische Palast und das Kuppelgrab des Monarchen freigelegt. Im Palast soll sich Telemach aufgehalten haben, als er auf der Suche nach seinem Vater Odysseus bei Nestor einkehrte – so berichtet zumindest die Sage; wichtiger für die europäische Kulturgeschichte ist allerdings der Fund jener Tontafeln im Jahre 1953, mit deren Hilfe letztlich die Entzifferung der mykenischen Schrift gelang – ein peloponnesischer Rosettenstein sozusagen!

Reste antiker Befestigungen finden sich auch in Messene am Abhang des Ithome-Berges, wo sich die Messener immer wieder gegen die anrückenden Spartaner zur Wehr setzen mußten.

Mächtig sind die Mauern, und die Trümmer des zusammengestürzten Lakonischen Tores zeugen von der ehemaligen Dimension dieser Stadt. Verschwindend nimmt sich der Mensch neben dem herabgestürzten steinernen Torbalken aus.

Aber nicht nur der archäologisch Interessierte wird im Peloponnes Sehenswertes finden. Der unbeschwerte Tourist trifft in den beiden großen peloponnesischen Südbuchten, der Messenischen und der Lakonischen, auf herrliche, einsame Strände, die jeden Badewunsch erfüllen. Wenige Reisende freilich sind es, die so weite Strecken auf sich nehmen und ganz Griechenland durchqueren, um sich behaglich in der südlichen Sonne zu räkeln und sich dem süßen Nichtstun hinzugeben – die Seele baumeln zu lassen, wie es so treffend heißt. Der wahre Freund des Griechischen wird sich in den Taygetos begeben und die entlegenen Dörfer zu Fuß erwandern, sich die Adelsschlösser und die vielen kleinen Kirchen ansehen und in einsamen Dorftavernen einkehren. Er wird auf byzantinische Zentren stoßen, die sich in der Abgeschiedenheit des südöstlichen Peloponnes erhalten haben: Monemvasia an der Ostküste der Parnonhalbinsel, Mistra (Mystras) nahe Sparta auf den Abhängen des Taygetos und Geraki am Fuße des Parnongebirges. In Monemvasia steht hoch oben auf dem Felsen die Kirche Aghia Sofia aus dem 13. Jahrhundert, in Mistra überragt die Ano Chora das Nonnenkloster Pantanassa mit seiner typisch byzantinischen kuppeligen Kirche. Das antike Sparta wird der Fremde allerdings vergeblich suchen; die Zeit hat alle Spuren der militaristischen Stadt ausgelöscht. Dafür haben sich Reste aus der venezianischen Epoche erhalten: in Methoni südlich von Pylos an der Westküste und in Koroni an der Südspitze des westlichsten Fingers des Peloponnes. Es sind mächtige Festungen und Kastelle, die im Kampf gegen die türkische Vorherrschaft bedeutende Rollen gespielt haben.

Inmitten des Hochlandes von Arkadien jedoch spiegelt sich der blaue Himmel in kleinen Seen. Bekanntester von ihnen ist der Stymfaliasee am Fuße des 2376 m hohen Killini, ein an den Rändern schon verlandendes Gewässer, abseits des großen Touristenstromes gelegen und eingerahmt von im Frühjahr noch schneebedeckten Bergen. Er ist das stimmungsvolle Juwel im Lande des Königs Pelops, jenes Titanensohnes, der von seinem Vater geschlachtet wurde, um die Allwissenheit der Götter auf die Probe zu stellen.

Die Götter aber haben schon damals die Finten der Menschen durchschaut.

DIE GRIECHISCHEN INSELN

Das Meer der Griechen, die Ägäis, das geschichtliche und mythische Meer im Osten Festlandgriechenlands, umgibt einen Großteil der griechischen Inselwelt. Hier ist die Verbindung zwischen Europa und Asien noch lebendig, hier fuhren die Handelsschiffe der alten Kulturvölker, der Kreter, Mykener, der Griechen und Perser, hier pulste Leben, hier prallten Kulturen und Religionen aneinander; hier entstand Neues.

Der Seeweg überwog in Griechenland immer den Landverkehr, denn im alten Griechenland gab es kaum Straßen, nur Karrenwege. Erst unter der römischen Fremdherrschaft wurden Straßen angelegt, die annähernd unseren Vorstellungen von Verkehrswegen entsprachen. So mußte das Meer, vor allem die Ägäis, wichtigster Verkehrsträger, mußten die Inseln zu Stützpunkten und Rastplätzen werden – mußten sie besiedelt sein und bleiben.

Sieben Inselgruppen unterscheiden die Griechen, ein wenig unterschiedlich zum internationalen Gebrauch. Bis auf die Ionischen Inseln vor der griechischen Westküste im Ionischen Meer liegen alle anderen Gruppen in oder an der Ägäis: Kreta im äußersten Süden, die Dodekanes (die Zwölf Inseln) alias Sporaden im äußersten Südosten knapp vor der türkischen Küste, die Kykladen im Zentrum der Ägäis als südöstliche Fortsetzung von Attika und Euböa, Euböa (griech. Evvia) und die Sporaden (alias Nördliche Sporaden) nördlich der Halbinsel Attika und östlich des Othrysgebirges, die Argosaronischen Inseln im Saronischen Golf zwischen Attika und östlichem Peloponnes und die Östlichen Inseln ohne zusammenfassenden Namen, unter denen die Eilande südlich Thrakiens verstanden werden, von Thasos und Samothraki im Norden bis nach Ikaria und Samos im Süden.

Sie alle, inklusive der Ionischen Inseln im Westen, sind Inseln, die Geschichte machten, die Ionischen erst wieder kürzlich, als die griechische Militärdiktatur sie zu Sträflingskolonien umfunktionierte. In der azurblauen Ägäis, die rund 3000 Inseln trägt, gibt es noch Eilande, auf die Menschen kaum jemals ihren Fuß gesetzt haben sollen. Das erscheint bei der reichen und wechselvollen Geschichte dieses Raumes eher unwahrscheinlich. Tatsache ist jedoch, daß von den 3000 Inseln nur knapp 130 bewohnt sind – bleibt also genug «Jungfräuliches».

Die Bevölkerung auf den Ägäischen Inseln ist arm, sehr arm, besonders jene der Kykladen, die unfruchtbar und steinig aus dem Wasser ragen, von leichter Brandung umspült sind und umgeben von weißem Gischt, der jeden Badenden beglückt. Der Fischfang ist nicht immer reichlich, und wenn schon, dann überaus mühsam; die wenigen, steinigen Äcker tragen kaum ausreichenden Ertrag für die eigene Familie, geschweige denn zum Verkauf: man lebt bescheiden davon und vom Verdingen als Taglöhner und Aushelfer im Hafen, der das Zentrum jeder Insel ist, auf den hin sich das Leben ausrichtet, da er ja die einzige Verbindung zur Außenwelt, zur Welt schlechthin ist.

Für alle Männer der Inseln reicht freilich diese Art von Verdienstmöglichkeit nicht – viele wandern aus, auf das Festland oder gar nach Mitteleuropa, in die Schweiz, nach Deutschland, nach Österreich. Sie werden Fremdarbeiter, denn das eigene Land ist nicht genügend industrialisiert, und ungelernte Arbeitskräfte gibt es in Hülle und Fülle. Also verlassen die Männer die «glücklichen» Inseln, das blaue Meer, die weißen Häuser und ziehen in den nebligen, diesigen, rußigen Norden. Sie sind nicht glücklich dort, entfremdet, fern der Heimat, aber sie verdienen gut und schicken das Geld an die Daheimgebliebenen. Vielleicht eröffnet der eine oder der andere einmal eine Herberge, ein Gasthaus, eine Schenke: Touristen kommen jedes Jahr mehr, die Inseln locken, sie sind für viele das letzte Paradies, die letzten Paradiese – wenn man geschickt wählt und fernab der Touristenströme und des Massenfremdenverkehrs bleibt! Die Inseln sind Ferienorte für Individualisten geblieben; man muß nur von den Magneten wie Kreta, Rhodos, Ios, Samos und Santorin absehen.

Trotz der wirtschaftlichen Notlage auf den Inseln sind die Menschen fröhlich – zumindest zeigen sie sich so dem Fremden, der sie als überaus gastfreundlich und hilfsbereit kennt. Wie sich der lachende Hafenarbeiter oder der scherzende Fischermann daheim als Patriarch seiner Familie, seiner Frau gegenüber benimmt, dringt nicht an die Außenwelt. Der Fremde sieht nur das, was er will, und empfindet das griechische Äußere als wohlwollend und wohltuend.

Eines jedenfalls ist Tatsache: je abgelegener die Insel, je seltener Fremde kommen, desto natürlicher, desto freundlicher, desto gastfreundlicher gibt sich der Einheimische – ein Phänomen, das überall in der Welt zu beobachten ist, eine psychologische Tatsache, daß dort, wo kein Trubel herrscht, keine Abwechslung, daß dort, wo das Leben noch Kampf ist oder zumindest Plage, der Fremde primär als Mensch gesehen wird, als interessantes Individuum, um das man sich nicht nur aus Neugier, sondern auch aus Anteilnahme und aus Achtung kümmert. Schön daß so viele Inseln noch «unentdeckt» sind: sie erscheinen auf diese Weise als Gegensatz zur Akropolis, als Antipode des Kap Sunion, wo sich in den Sommermonaten die Touristen drängen wie Ratten in einem übervölkerten Käfig.

Auf den Inseln lernt der Besucher noch das Urtümliche, das Heimische kennen: er wohnt in denselben Häusern wie die Insulaner, in den kleinen, weißgekalkten Steinquadern, kühl im Inneren, von der Hitze des Außen geschieden, halbdunkel, die Decken durch rohe Balken gehalten, einfach eingerichtet, bäuerlich, doch gemütlich. Da ist keine Hast und keine Hetze, es drängen keine Termine, denn das Schiff, das einen abgesetzt hat, ist schon wieder abgefahren, dahin über die Wasser, auf dem Weg zur nächsten Insel; es kommt wieder, vielleicht, in einer Woche, wenn das Wetter schön ist, die Witterung es erlaubt – und der Kapitän es will. Man hat Zeit jetzt, viel Zeit, und so eine Insel ist bald erkundet, ein Tempel hier, eine archäologische Fundstelle dort, die Kirche, das Gasthaus, der Dorfplatz, ein paar Bekannte, die einen einladen. Die Abende sind mild, die Nächte sind lang, der Himmel ist sternenübersät.

Griechenland eben.

Die Verbindung zwischen den Inseln und zum Festland ist mitunter problematisch: die Schiffe haben alle Piräus als Ausgangshafen und es ist selten, daß sich ein Linienschiff auf «Kettenfahrt» begibt und die einzelnen Inseln «abfährt», wenn es um tangentiale und nicht radiale Verbindungen geht. Von Chios nach Samos zu gelangen ist – obwohl die Inseln benachbart sind

– nur einmal wöchentlich möglich. Noch schwieriger ist es, von Patmos nach Naxos zu kommen. Außerdem sind die offiziellen Ankunfts- und Abfahrtszeiten mitunter graue Theorie: so blau die Ägäis ist, so stürmisch kann das Wasser sein – wenn der Meltemi weht, der heftige Sommerwind, der besonders im August die Meeresoberfläche aufwühlen kann und Schaumkronen auf die Wellen zaubert, daß die Passagiere grün werden im Gesicht und das Festland ersehnen. Dann jammern die Landratten, aber auch die Inselbewohner – denn die Frauen sind das Meer genausowenig gewohnt wie die Mitteleuropäer; die griechische Frau, die auf Amorgos oder Leros beheimatet ist, fürchtet das Meer und sieht in ihm ein bloßes Lebens-Mittel, in das die Männer ihre Netze auswerfen; den Reiz, der vom Meer auf den Mitteleuropäer ausgeht, die Stimmung der untergehenden Sonne, das Abenteuer einer stürmischen Überfahrt oder das platte Glänzen der bei Windstille wie blaues Öl in der Sonne schwappenden Wasseroberfläche empfindet sie nicht. Die griechische Bäuerin, die Fischersfrau sitzt bei stürmischer Überfahrt angstvoll zwischen ihren Hühnern und Ziegen, klammert sich an ihre Kisten und Taschen, in denen die Einkäufe aus dem Festland verpackt sind, und zittert in den dunkeln, billigen Tiefen des Schiffsbauchs oder als Deckpassagier dem Ende der Fahrt entgegen.

Auch das Ein- und Aussteigen am Bestimmungsort ist mitunter abenteuerlich: nicht auf allen Inseln gibt es gute Häfen; fehlen diese, muß auf offener Reede geankert werden – dann werden Menschen und Waren mit Kränen und Seilwinden in die Leichter oder in kleine Boote gehievt und an Land gefahren, beziehungsweise gerudert. Ist das Wetter schlecht, entfällt die Landung, und das Schiff läuft die Insel gar nicht an, macht kehrt oder fährt an ihr vorbei, weiter, zum nächsten, guten Hafen.

Wie gesagt: eine Inselreise durch die Ägäis ist aufregend und abenteuerlich – jedenfalls aber fern von jeder Hast und jedem Zeitdruck. Infarktbedrohte lernen hier, daß es Leben auch ohne Streß gibt – noch gibt.

Die Ionischen Inseln

Korfu (griech. Kerkyra), Paxi, Leukas (Lefkas), Kephalonia (Kefallinia), Ithaka (Ithaki) und Zakynthos bilden die Inselwelt vor der Westküste Griechenlands im Ionischen Meer, in der Korfu am bekanntesten ist. Sie gilt als grünes Ferienparadies, voll mit Kakteen, Agaven, Pinien, Mandelbäumen, Zypressen und Feigenbäumen – eine für griechische Maßstäbe ungewöhnliche Fülle an Pflanzen. Bei solch subtropischer Vegetationspracht muß der Niederschlag entsprechend sein: die Westküste ist einer der am stärksten beregneten Teile Griechenlands, mit schwülen Tagen und triefender Feuchtigkeit – dem Preis für das viele Grün der Insel.

Das weiter südlich gelegene Leukas ist schon trockener, mediterraner; die Leitpflanze des Mittelmeeres, der Olivenbaum, bedeckt in riesigen Kulturen die ganze Insel, Schafherden weiden in der Landschaft und erinnern ein wenig an das festlandgriechische Bild – Leukas ist ja beinahe Festland; nur ein schmaler Kanal trennt die Insel von Ätolien, und eine Dammstraße vollzieht auch die faktische Verbundenheit der Insel mit dem Festland.

Kephalonia, Ithaka und Zakynthos sind die drei südlichsten Inseln der Gruppe: Kephalonia, die größte der Ionischen Inseln, Ithaka, die jungfräulichste, Zakynthos, die weinseligste. Alle drei Inseln wurden 1953 von einem Erdbeben erschüttert. Ganz Griechenland ist von Bruchlinien und Senkungsfeldern durchzogen, vulkanisch versteift und von endogenen Kräften zertrümmert; auf dem Festland zeugt der Vulkanismus von Delphi davon, auf den Kykladen erinnert der Vulkan Thera (Santorin) an den fürchterlichen Ausbruch im Altertum. Apropos Altertum: von den steilen Felsen der Insel Leukas hat sich die Dichterin Sappho ins Meer gestürzt; aus Liebeskummer und um unsterblich zu werden. Sie ist es tatsächlich geworden: als größte Lyrikerin des Altertums, deren Versmaß sogar von Horaz kopiert wurde.

Die Östlichen Inseln

Als Östliche Inseln bezeichnet der Grieche die Inseln Thasos, Samothraki, Limnos, Lesbos (Lesvos), Chios (Hios), Psara, Samos und Ikaria, mit Ausnahme von Thasos und Samothraki alle knapp vor der türkischen Küste gelegen. Es sind Inseln, die schon seit prähistorischer Zeit griechisch waren und die voll sind mit Relikten aus dem Altertum: Lesbos, die Heimat von Sappho (sie lebte um 600 v.Chr.), die als die größte Dichterin nicht nur des Altertums, sondern als größte Lyrikerin überhaupt gilt und die in Mytilini, der Hauptstadt von Lesbos, wirkte. Chios ist eine vulkanische Insel, mit weiten Olivenbaum- und Mastixkulturen; über vier Millionen Mastixbäume, deren Harz als Kaugummi seit jeher in den Harems der nahen Türkei Verwendung fand und das heute von der Kosmetik-, aber auch Textil- und Farbenindustrie benötigt wird, stehen auf Chios. Das Aroma des wohlriechenden Mastixbaumes liegt über der ganzen Insel und prägt ihren Charakter; in den Tavernen kann der Fremde den Mastixlikör erproben, der nach Festlandgriechenland, aber auch in die nahe Türkei geliefert wird – vergessen die blutige Schlacht von 1822, als die Türken im Unabhängigkeitskampf der Griechen 25000 Menschen erschlagen und 45000 versklavt haben; das heißt, ganz vergessen scheint man die Massaker nicht zu haben, denn die Spannungen zwischen den beiden Staaten nehmen eher zu denn ab.

Samos ist weltberühmt, vor allem wegen seines Weines, der als milder und süßer Dessertwein in aller Welt getrunken wird. Nach wie vor ist er der wichtigste Ausfuhrartikel der Insel, gleich gefolgt vom Tabak, der in weiten Feldern auf der ganzen Insel gezogen wird. Das nur zwei Kilometer entfernte, hier besonders reliefreiche türkische Festland ist für die stärkere Beregnung der Insel verantwortlich: mit üppigem Wald überwiegt das Grün, das sich auf den Hängen des 1440 m hohen Kerkis fast bis in die Gipfelregion hinaufzieht – eine Seltenheit auf den sonst trockenen und braunen Inseln der Ägäis. Diese schützende Vegetationsdecke ließ fruchtbare Böden entstehen und bewahrte die Insel vor Verkarstung.

Auch historisch hat Samos Außergewöhnliches aufzuweisen: hier residierte im 5. vorchristlichen Jahrhundert der Tyrann Polykrates, ihn hofierte – zumindest eine Zeitlang – der auf Samos geborene Philosoph Pythagoras; unter der Ägide von Polykrates entstand der berühmte unterirdische Aquädukt Ephpalinion (Eupalinion), der heute noch in Teilen erhalten ist. Schillers «Der Ring des Polykrates» erinnert an die Herrschaft des Tyrannen.

Die Dodekanes (Dodekanissos)

Südlich von Ikaria und Samos beginnen die Dodekanissos, die «Zwölf Inseln». In Wirklichkeit besteht die Inselgruppe aus 14 Inseln – wenn man die kleineren und kleinsten nicht mitzählt. Die wichtigsten Inseln sind noch geringer an der Zahl: Rhodos, Kos, Kalymnos, Patmos lauten ihre Namen, und der Besucher hätte viel zu tun, sie alle genau studieren zu wollen. Rhodos, die größte Insel der Dodekanes, ist wie Samos vom Klima begünstigt – die üppige subtropische Vegetation beweist es. Die Insel ist groß genug, ein eigenes – feuchteres – Klima zu entwickeln, im Gegensatz zu Kalymnos oder Karpathos, deren Berge kahl und braun erscheinen. In Rhodos wachsen an den Hängen des Elias Tannenwälder, die ganze Insel scheint ein einziger Garten zu sein: Bougainvilleas und Hibiskus dominieren, Palmen stehen in den Gärten, säumen die Straßen, Pinien und Zypressen ergänzen die üppige Vegetation – das Klima ist auch im Winter mild, die Insel scheint ein idealer Aufenthaltsort für das ganze Jahr.

An Geschichte ist sie reich: angefangen vom Koloß von Rhodos, einem der sieben Weltwunder der Antike, über die Festungsanlagen der Johanniter, die hinter den dicken Mauern ihrer Anlagen gegen die Islamisierung der Insel und letztlich auch ganz Europas kämpften. Vergeblich, zumindest was die Insel betrifft, denn heute stehen Moscheen auf Rhodos, Relikte aus der türkischen Besatzungszeit und Gotteshäuser für die noch heute auf der Insel lebende türkische Minderheit; ein starker Kontrast für die hochentwickelte griechische Volkskunst, vor allem in der Töpferei und Handarbeit. In Lindos stehen die Reste der Akropolis über einem steilen Felsen, die Säulen des Athenetempels, umrahmt von den Mauern einer Johanniterburg.

Kos, die zweitgrößte Insel der Dodekanissos, war die Heimat des Hippokrates und erinnert bis heute in ihren antiken Ruinenstädten an den Begründer der Medizin, der im 5. vorchristlichen Jahrhundert auf dieser Insel wirkte. Tausend Jahre lang überdauerten die Kultstätten des Gottes Asklepios, dem Hippokrates sein Schaffen weihte und in denen ein antikes Thermalbad entstand, die Zeiten, dann erschütterte ein Erdbeben die Insel und ließ Säulen und Architrave zusammenstürzen.

Patmos ist mit dem Evangelisten Johannes untrennbar verbunden: hierher wurde der Lieblingsjünger Jesu verbannt, hier schrieb der Apostel seine Offenbarung. Heute steht an der Stelle eines antiken Artemistempels ein mächtiges Kloster, das Johanneskloster. Wuchtig hebt sich die Befestigung aus dem Gewirr von weißgekalkten, kubischen Häusern, weit reicht der Blick von den zinnengekrönten Mauern über Land und Meer – ein waldloses Auf und Ab von braunen, kahlen Hügeln, stark verzahnt mit dem umgebenden Meer, ein unruhiges Relief, durchsetzt von weißen Punkten, den Häusern der Bauern und Fischer.

Bleibt Kalymnos, das Zentrum der ägäischen Schwammtaucher, die als die besten der Welt gelten. Sie verlassen ihre Heimatinsel im Frühjahr, schmücken ihre Schiffe für die Abschiedsfeier, Tränen fließen, die Frauen tanzen und die Kirche ist mit dabei: ein griechisch-orthodoxer Pope hebt segnend seine Hände und stärkt damit den Glauben der ausfahrenden Männer auf eine gesunde Rückkehr. Aber leider helfen Segen und Glaube allein nicht, und so sind es jedes Jahr neue Opfer, die zu beklagen sind, wenn die Schwammfischerflotte im Oktober von der afrikanischen Küste zurückkommt. Da nützen kein Kirchgang und keine an Bord getragene Ikonen: die Ausrüstung der Schwammtaucher müßte verbessert werden, moderner und zweckmäßiger sein, mehr Sicherheitsvorkehrungen und technisches Know-how wären vonnöten. Für die einfachen Fischer freilich reichen Pope und Ikone: Trost aller orthodoxen Gläubigen, deren Vertrauen auf das Jenseits sehr oft ihr Diesseits allzu unnütz verkürzt.

Kasos, Chalki, Symi, Tilos, Nisyros, Astypalaia und Karpathos sind jene Inseln, an denen der moderne Touristenstrom vorbeifließt. Es sind kleine Eilande, trocken, verdorrt, braungebrannt von der sengenden sommerlichen Sonne. Weiß hebt sich die Chora – die griechische Bezeichnung für den Hauptort einer Insel – aus dem verbrannten Land ab, einsam stehen die Dörfer an den Küsten und vereinzelt auch in den Bergen des Inneren, erschlossen und mit der Küste verbunden nur durch schlechteste, kurvige Straßen, auf denen man die Autos zählen kann.

Hier ist die Zeit noch stehengeblieben – und mit ihr der Mensch.

Die Kykladen

Ihren Namen bezieht diese bekannteste Inselgruppe vom griechischen *kyklos,* Kreis: kreisförmig liegen die kleinen und kleinsten Eilande um die heilige Insel der Antike, Delos (Dilos), im Blau der Ägäis, in ihren nahezu vegetationslosen Landschaften knallige Kontraste. Kahle Inseln sind es, ohne Grün zumeist, preisgegeben der sengenden Sonne, die unbarmherzig die Eilande bestrahlt und die letzten Tropfen Feuchtigkeit aus der Erde saugt. Während des intensiven Sommers trocknen die wenigen Quellen aus, und das Wasser in den Zisternen sinkt auf einen bedenklichen Stand – nur im Winter und im Frühling wachsen die wenigen Feldfrüchte, die der Mensch in bandförmigen Terrassen in den steinigen Boden gelegt hat, mit niedrigen Mäuerchen umgeben, um die lockere Erde gegen den sommerlichen Windabtrag und die winterliche Bodenausspülung zu schützen. Es sind keine reichen Inseln hier, im Südosten von Attika, und das Leben der Menschen ist eine einzige Mühe. Nur der Fremdenverkehr hat die Kykladen aus ihrem mittelalterlichen Schlaf gerissen, sie mit einem Schlag berühmt gemacht: tiefblaues Meer, gol-

Fortsetzung Seite 111

ZULETZT

Sei still, mein Herz. Was bist du wert,
Seit du kein andres mehr bewegst?
Und doch, obwohl nicht mehr begehrt,
Du liebst und schlägst.

Doch gelb ist meines Lebens Laub,
Der Freude Blum und Frucht ging ein.
Zernagte Leere, Kummers Staub,
Nur das ist mein.

Wie ein vulkanisch Eiland brennt
Ganz einsam meiner Glut Gesicht
Und flammt verdammt zum Firmament,
Feuer ohne Licht.

Die Hoffnung und die Furcht zerstiebt,
Die Größe aller Schmerzen und
Die Macht der Lust ist hin. Mich liebt
Der Ohnmacht Mund.

Doch seis nicht so, und seis nicht jetzt.
Nicht grüble hier mit ödem Krampf,
Wo man uns ruhmvoll Ziele setzt
Im Freiheitskampf!

Sieh Waffen, Fahnen, Kampfgefild,
Glorie und Griechenland! Das sei!
Der Sparter, tot auf seinem Schild,
War nicht so frei.

Erwache! Rufs nicht Hellas zu,
Dir selbst! Denn Hellas ist erwacht.
Dein Lebensblut geleitest du
Zur letzten Macht.

So laß die leichte Unruh, laß
Die Lust! Mach dir die Mannheit schwer.
Der Schönheit Lächeln oder Haß
Rühr dich nicht mehr.

Da deine Jugend starb, warum
Noch leben? Dieser Tod ist gut.
Nach all den Worten werde stumm
Vom letzten Mut.

Was viele finden, suchs dir aus:
Soldatengrab. So endest du
Am besten. Noch ein Blick. Ins Haus.
Und du hast Ruh.

GEORGE GORDON LORD BYRON
(1788–1824)

Übertragung aus dem Englischen von Alfred Wolfenstein

91 Alter Sphakiote – Nachkomme der ursprünglichen kretischen Inselbevölkerung – aus Loutro.

92 Alte Frau aus Thera.

93 Kleine Wasserträgerin – auch heute noch gibt es in manchen griechischen Dörfern keine Hauswasserversorgung.

94 Flötenspielender Zigeunerjunge aus Kreta.

95 Trommler auf einem Volksfest in Ossios Loukas.

96 Thrakische Hochzeitsgesellschaft auf dem Weg zum Elternhaus der Braut.

98 Alter Mann beim Anstoßen mit Uzo – einem Anisbranntwein, der rein oder mit Wasser verdünnt genossen wird.

99 Tänzer auf Rhodos.

100 Mandolinenspieler und Tänzer in Makedonien.

101 Bouzouki-Lokal in der Plaka, dem Vergnügungsviertel Athens.

102 Oben: Männer auf Rhodos beim beliebten Brettspiel.

Unten: Kartenspieler auf dem Dorfplatz von Andritsena, Peloponnes.

103 Oben: Kinder in Olympos auf der Insel Karpathos spielen «Himmel und Hölle».

Unten: Ballspielende Jungen in Elounta, Kreta.

104 Oben links: Griechischer Bauer.

Oben rechts: Kretischer Bauer.

Unten links: Mönch aus dem Karieskloster, Athos.

Unten rechts: Sphakiote aus dem Dorf Agia Roumeli im unzugänglichen Lefka-Ori-Gebirge, Kreta.

105 Schafhirte aus dem Sphorkior, Kreta.

106 Auf dem Markt in Myres, Kreta. Der Austausch von Neuigkeiten ist genauso wichtig wie der Warenhandel.

107 Strickende Frauen bei Drama, Makedonien. Die griechische Frau führt traditionsgemäß den Haushalt und arbeitet auf den Feldern.

108 Auf dem Land wird das Brot noch häufig im eigenen Backofen gebacken.

109 Weberin auf Skyros. Tücher und Teppiche verschaffen der Landbevölkerung willkommene Nebeneinkünfte.

110 Mädchen auf Euböa.

DAS ANTLITZ DES MENSCHEN

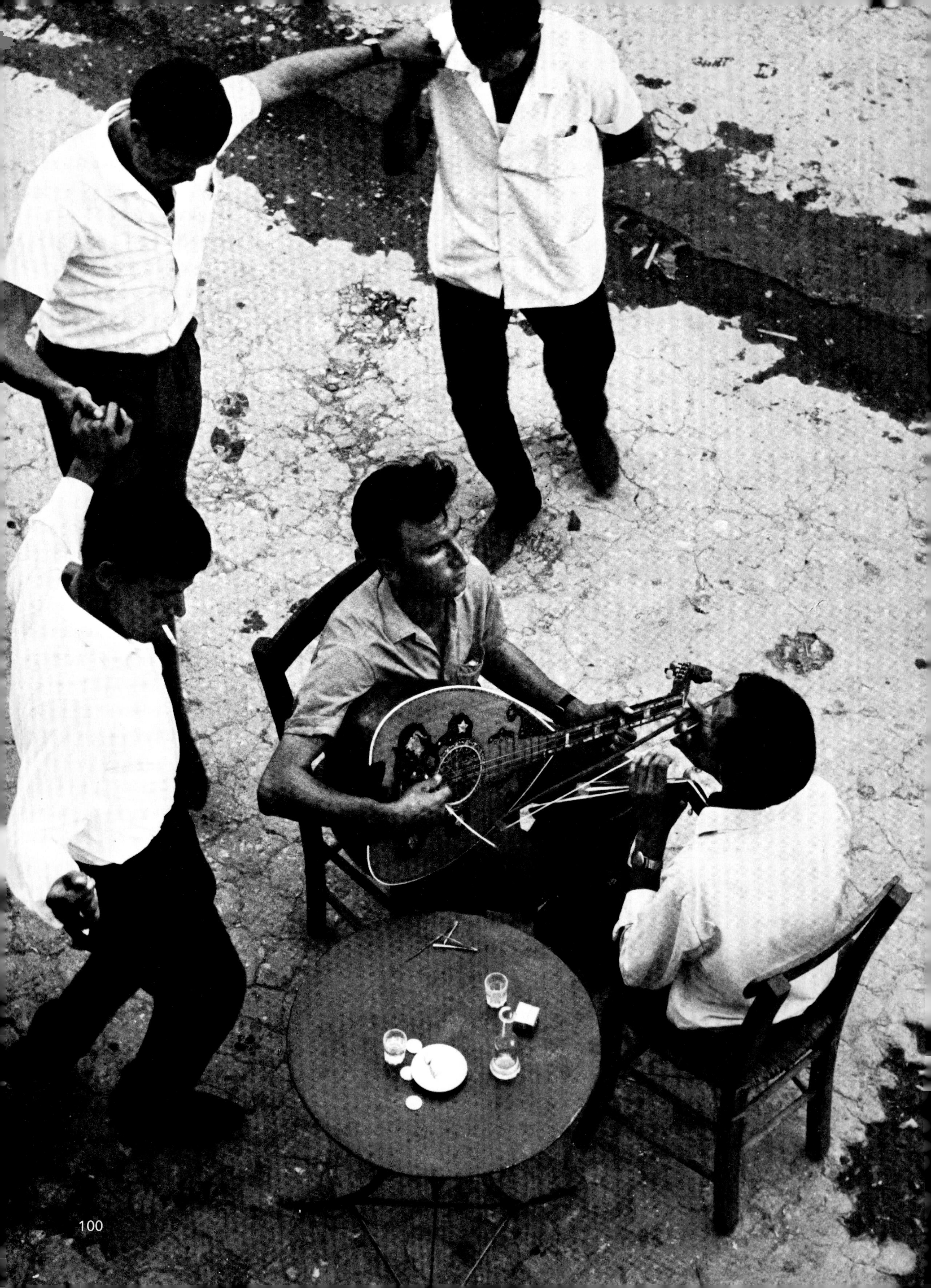

dene Sandstrände, felsige Küsten, blendend weiße Häuser, zumeist hoch oben gelegen auf dem höchsten Punkt der Insel und nicht, wie anderswo etwa, unten, am Hafen – alte Schutzlage, überliefert aus dem Altertum, als die Kykladen umkämpft und umtobt waren, als die Kulturwellen über sie hinweggingen und Seeräuber die Inseln verunsicherten. Noch heute muß der Fremde über endlose Stufen hinauf zur Chora, um ein Nachtlager zu finden – Mühe bereitendes Relikt aus fernen Tagen, das die Inseln aber um so reizvoller macht.

Es wäre unmöglich, alle Inseln der Kykladen in einem einzigen Sommer zu besuchen: zu viele Inseln sind Träger großer Namen, zu viele kleine Eilande tragen zur Vielfalt des Archipels bei. Die großen Namen: Naxos, Syros, Andros, Tinos, Paros, Amorgos, Santorin (Thera), Mykonos. Die Unbekannteren: Folegandros, Ios, Sikinos, Syphnos, Seriphos, Kythnos, Kea (Tzia). Und selbstverständlich Delos: eines der kleinsten, dafür aber bekanntesten Eilande.

Naxos ist die größte Insel des Archipels, ihr 1003 m hoher Berg wirkt als Regenfänger und ermöglicht ein wenig Ackerbau: Naxos gilt als fruchtbarste Insel der Kykladen. Ihre Berge sind weniger kahl, ein Anflug von Grün hält sich selbst über den Sommer. Bedeutung hat Naxos aber nicht durch seine Landwirtschaft, sondern durch seine reichen Marmorvorkommen errungen: viele Bildhauerarbeiten, vor allem aber Gebäude der Antike sind aus naxischem Marmor gefertigt. Noch heute kann man in einem Steinbruch im Norden der Insel eine unfertige, etwas über zehn Meter große archaische Statue bewundern.

Die Hauptstadt der Kykladen, Hermupolis (Ermoupolis), liegt auf Syros, einer extrem trokkenen Insel, deren Trinkwasser bis heute von Wasserverkäufern von einer hoch oben in den Bergen liegenden Quelle in Tonkrügen und mit Eseln ins Tal gebracht wird. Hier ist kein Platz für üppige Vegetation, die Berge sind kahl und braun, nahezu unbewohnt. Wenige Bauern nur, die dem Boden etwas abringen können, und so war seit alters her die Haupteinnahmequelle der Insel der Handel: bis ins 19. Jahrhundert war Hermupolis der bedeutendste Hafen ganz Griechenlands. Der Name des Ortes bestätigt es: Stadt des Hermes. Und Hermes war seit jeher der Gott der Händler – und Diebe.

Das benachbarte Tinos ist das südliche Pendant zum heiligen Berg Athos – in gewissem Sinn freilich nur: in der Wallfahrtskirche von Tinos wird das Nationalheiligtum Griechenlands, die Panayia Tiniotissa, eine Marienikone mit angeblich wundertätiger Heilwirkung, aufbewahrt. Sie gilt als Beschützerin ganz Griechenlands und wird an jedem 15. August in einer riesigen Prozession von der Kirche zum Hafen getragen. Es ist ein religiöses Monsterspektakel, das selbst die Regierung mitmacht. Die große Zahl der Pilger kann die kleine Ortschaft gar nicht fassen – und so lagern viele der auf Heilung Hoffenden auf Plätzen, Straßen und Höfen. Die griechischen Metropoliten sind anwesend, und wenn die Marienikone über die Köpfe der am Boden knienden Gläubigen getragen wird, hat die Geschmacklosigkeit ihren Höhepunkt erreicht. Ein Beispiel mehr, wie eine arme, fehlgläubige Bevölkerung in die Irre geleitet werden kann! Ist es nur Zufall, daß dieses moderne religiöse Zentrum so nahe an Delos liegt? Hat sich die Menschheit im Laufe der letzten 3000 Jahre wirklich nicht weiterentwickelt?

Um wieviel ehrlicher dagegen der Mythos des alten Delos: hier wurden Apollon und Artemis geboren – und was tat es schon, wenn man nicht daran glaubte? Jahrhundertelang galt die Insel als religiöser Mittelpunkt ganz Ioniens; 476 v.Chr. wurde sie das Zentrum des Delisch-attischen Seebundes. Nie jedoch war sie die letzte Hoffnung Kranker, maß man ihr so viel Bedeutung zu, wie die griechische Orthodoxie heute Tinos zuteil werden läßt. Die alten Götter Griechenlands unterstanden ja selbst dem unabänderlichen Ratschluß der Moiren, und Hilfen, die man von ihnen erflehte, waren niemals von solch unerschütterlichem Glauben getragen, wie er heute die hilflosen Opfer ewiggestriger Orthodoxie bestimmen mag.

Delos, das ehemalige mächtige Handelszentrum des Hellenismus mit einer Stadt von 40000 Einwohnern, ist heute tot. Vom Berg Kinthos auf Delos blickt man über die kleine, kahle Insel auf die anderen Inseln der Gruppe, während am Fuße des kargen Hügels sich die Trümmer von Isistempel, Löwenterrasse und Haus der Kleopatra drängen: Überreste syrischer und ägyptischer Tempel und Profanbauten, die 88 v.Chr. von Mithradates von Pontus zerstört wurden.

Mykonos ist fast nur Wüste – dennoch gilt sie als Traumziel vieler Griechenlandfreunde: nicht die Landschaft ist es, sondern der Reiz der kleinen Stadt mit ihren vielen Kirchen, den engen und engsten Gassen, den Windmühlen über der Stadt, den mykonotischen Webern, dem malerischen Hafen und den am Wasser stehenden Häusern, dem kleinen Venedig von Mykonos. Auf Mykonos hat sich so mancher Individualist niedergelassen, einige von ihnen haben alte Windmühlen adaptiert und wohnen darin.

Ähnlich verhält es sich mit Amorgos und Folegandros: beide Inseln sind landschaftlich öde, aber nicht ohne Reiz. Folegandros ist nackte Steinwüste, schattenlos die Wege, in gleißendes Sonnenlicht getaucht, mühselig der Anstieg zur Chora mit Hilfe von Maultieren, dem Blau des Himmels entgegen, immer höher, bis die Stadt erreicht ist, hinter der die Insel plötzlich abbricht in steilen Klippen, die tief unten ins Meer tauchen.

Auch Amorgos ist von Klippen geprägt – und ein Kloster hat die einzigartige Lage inmitten der Steilstufen gewählt, hängt hoch oben in den Felsen, nur durch einen schmalen Maultierpfad erreichbar und bewahrt eine Ikone auf, der – wen wundert es – Wundertätiges nachgesagt wird. Wer durch Amorgos gewandert ist, Folegandros bereist hat, stundenlang durch die sengende Hitze, über heiße Steine und durch hitzeflirrende Luft, unter einem tiefblauen Himmel und über einem noch blaueren Meer – der mag trotz aller modernen Aufgeklärtheit verstehen, daß in solcher Landschaft sich der Mensch ins Irreale versteigt: wo nur Natur ist, wird sie wunderbar. Und von wunderbar zu wundertätig ist nur mehr ein kleiner Schritt.

In Santorin (Thera) wird die Sage wahr: immer mehr setzt sich die Überzeugung durch, daß das versunkene Atlantis Santorin war, bevor es durch eine gewaltige Vulkaneruption – vergleichbar jener des Krakatau im Jahre 1883 – zerrissen wurde und ein Teil der Insel ins Meer abrutschte. Was heute von Thera über das Wasser ragt, ist der halbmondförmige Rest einer Vulkanruine, deren Krater vom Meer erfüllt ist. Kleine Sekundärkegel haben sich in seiner Mitte aufgebaut und durchstoßen die Wasseroberfläche in schwarzem Lavagestein, das mit kleinen Kratern durchsetzt ist, aus denen Schwefeldämpfe steigen. Die Insel ist noch nicht zur Ruhe gekommen. Immer wieder schütteln Erdbeben den Vulkan im Meer, das letzte Mal mit verheerenden Folgen im Jahre 1958, als mehr als die Hälfte der Häuser der Hauptstadt Thera zerstört wurden. Die Chora selbst liegt hoch oben am Kraterrand, unzählige Stufen führen hinauf, die Eseltreiber warten und bieten ihre Dienste an. Kühn ist der Pfad in das Vulkangestein gehauen, und wer sein Geld sparen und seine Sachen selbst in seine Unterkunft schleppen will, wird schon auf halbem Weg seine Entscheidung verfluchen; der Ausblick von den weißgekalkten Dächern wird die Mühe freilich lohnen: ein Sonnenuntergang von Thera aus, mit der hinter dem Inselchen Thirassia ins Meer rollenden Sonne, einem Kirchengiebelchen oder einer weißgekalkten Kuppel als Vordergrund, bleibt unvergeßlich.

Die kleinen und kleinsten Inseln, die unbekannten und vergessenen? Da wäre Ios, südlich von Naxos, mit einer kleinen, romantischen Chora am Fuße einer Klippe und einigen noch in Betrieb befindlichen Windmühlen; auf Sikinos steht ein alter Apollontempel, auf Paros, das schon im Altertum Marmor nach Festlandgriechenland lieferte, steht ein Kloster aus dem 4. Jahrhundert; von der Insel Milos stammt die berühmte Aphrodite, die heute im Louvre steht; auf Kimolos gibt es vor der Küste eine versunkene Stadt.

In summa sind die Kykladen ausgezeichnet durch unzählige geschützte Buchten mit hervorragenden Stränden; die Steilküsten enthalten Grotten, die Kultur der Bevölkerung fasziniert durch Architektur, Kirchenbau und Kunsthandwerk: Griechenland *at its best*.

Euböa und die Sporaden

Euböa (Evvia) ist mit 3775 km² nach Kreta die zweitgrößte Insel Griechenlands. Sie zeigt noch typisch festländischen Charakter und ist von Festlandgriechenland durch eine nur schmale Meeresstraße getrennt, die überdies von einer Brücke überspannt ist. Ihr gegenüber liegen die Landschaften Attika und das klassische Böotien und Phokis, heute Viotia. Die Insel ist genauso gebirgig wie das Festland: in ihren drei höchsten Bergen Dirfi, Kandili und Ochi reicht sie bis über 1700 m. Die Lage der Insel ist auch für das relativ gute Klima verantwortlich: die Berge sind bewaldet, der Niederschlag entspricht mit rund 350 mm pro Jahr dem Durchschnitt der griechischen Ostküste. Kiefernwälder und Olivenhaine sind die Folge der begünstigten Lage im Windschatten des Festlandes; es ist eine fruchtbare Insel, die den Bewohnern ihrer Dörfer ein gesichertes Auskommen gewährleistet. Dazu kommt der Fremdenverkehr, der im Badeort Aedipsos an der Nordwestecke der Insel sein Zentrum hat. Fährverbindungen zur Insel vom viotischen Arkitsa und vom attischen Rafina aus und die schon erwähnte Brücke nach Chalkis, dem Hauptort Euböas, bilden eine problemlose Verbindung.

Kulturgeschichtlich interessant sind die byzantinischen Kirchen Mittel- und Südeuböas: sie sind reich an Fresken und Ikonen; vor allem die Kirche Agia Paraskevi in Chalkis ist besuchenswert. Die Einsamkeit freilich, die man auf den Kykladen oder auf so mancher Insel der südlichen Sporaden genießt, wird man auf Euböa schwerlich finden.

Skiathos und Skopelos liegen noch nahe am Festland und sind daher wie Euböa stärker beregnet: beide Inseln tragen eine gute Vegetationsdecke, nur selten, daß der weiße Kalk als Fels zwischen dem angenehmen Grün der Hänge durchblickt. Skiathos hat überdies einen von grünem Buschwald umrahmten, goldgelben Strand, der als auf den nördlichen Sporaden einmalig gilt. Skopelos wieder ist reich an Olivenhainen und Kiefernwäldern, vor allem aber an Pflaumenbäumen. Pflaumen sind das wichtigste Ausfuhrprodukt von Skopelos, und ihre Aufbereitung beschäftigt den Großteil der einheimischen Frauen; die Früchte werden an der Sonne getrocknet und anschließend in einem Ofen nachgedörrt. Ausgeführt werden sie über den Haupthafen Skopelos, da Glossa an der Nordspitze der Insel zum Ankern nicht geeignet ist. Die Häuser der Chora von Skopelos sind mit grauen Schieferplatten aus dem festländischen Peliongebirge gedeckt – eine Eigenheit, die nur auf den nördlichen Sporaden anzutreffen ist. Daß die Häuser Giebeldächer haben, zeugt von den noch häufigen Regenfällen – das romantische, aber trockene Skyros kennt nur mehr flachdachige Häuser.

Skyros liegt schon zu weit draußen in der Ägäis, um noch ausreichend Regen vom Festland zu erhalten. Es ist historischer und mythischer Boden in einem. Der Sage nach soll Achill hier von seinen Eltern als Mädchen verkleidet versteckt worden sein – um ihn vor seinem geweissagten Ende in Troja zu bewahren; auch Theseus soll hier gestorben sein – von seinem Gastgeber Lykomedes in die Tiefe gestoßen.

Die Chora von Skyros hat keinen eigentlichen Hafen, das Schiff ankert auf offener Reede, und dem Besucher steht ein mühsamer Weg hinauf auf den Hügel der Hauptstadt bevor. Vom Kastell aus bietet sich dann ein eigenwilliger Blick auf die Chora: kaum eine andere Siedlung, die solch gleichförmige, rechteckige, flachdachige Häuser aufweist wie Skyros. Ein Quader reiht sich an den anderen, die Dächer sind mit gestampfter Erde bedeckt und mit kümmerlichen Grasbüscheln bestanden. Treppenförmig senkt sich die Ortschaft den Hügel hinab, durchzogen von winkeligen, engen Gassen, ab und zu durchsetzt von einem modernen Haus mit ziegelgedecktem Giebeldach. Die Hauptstraße von Skyros ist eine schmale, aus groben Steinen gefertigte Treppe, an der die Bewohner vor ihren Geschäften sitzen und den Tag genießen. Das Innere der Häuser ist oft sehr kunstvoll gestaltet, in heimischer Tradition, mit Nischen und Kaminen, in die Wände eingelassenen Regalen, rohen Dachbalken, geschnitzten Balustraden und Tellern, Kupferarbeiten, Holzschnitzereien, Webteppichen und Stickereien an den Wänden.

Die Argosaronischen Inseln

Ägina, Salamis, Poros, Hydra (Idra), Spetse und einige kleinere, fast unbewohnte Eilande bilden die Inselgruppe im Argosaronischen Golf vor der Halbinsel Argolis am Peloponnes. Es sind die am leichtesten erreichbaren Inseln Griechenlands – nimmt man die Nähe und die günstigen Verkehrsverbindungen zum attischen Festland oder zur Halbinsel Argolis zum Maßstab. Mehrmals täglich fährt das Schiff von Piräus (Pireefs) nach Ägina, der 84 km^2 großen, strategisch wahrscheinlich bedeutendsten Insel ganz Griechenlands. Im Altertum war sie wichtiger Flottenstützpunkt und fungierte als erste Hauptstadt des jüngeren Griechenlands. Schon im Altertum dominierte sie den Korinther Isthmus; zu einer Zeit, als der Kanal noch nicht existierte und die Schiffe noch über Rutschbahnen über die Landenge gezogen wurden. Heute hat das griechische Flottenkommando seinen Sitz an der Nordküste von Salamis, wo der Kriegshafen die Hauptstadt von der schon klassisch gewordenen Insel aus beschützt: 480 v. Chr. schlugen die Griechen vor Salamis die Perser, nachdem sie an den Thermopylen unterlegen waren.

Ägina, das einst von den Athenern überfallen und kolonisiert worden war, ist seiner Rolle als «Kolonie» treu geblieben: auch heute haben die Athener die Insel in Beschlag genommen – als Ferieninsel und Wochenendausflugsziel vor der Haustüre. Eine dichte Reihe von Strand- und Einfamilienhäusern säumt die Küste der Insel und macht sie zu einem überlaufenen, hektischen Flecken. Als die Athener im 4. vorchristlichen Jahrhundert die Äginer «befriedet» hatten, war man nicht undankbar gewesen: noch heute erinnert der berühmte Afaia (Aphäa)-Tempel an den Ruhm, den die Äginer in der Schlacht von Salamis eingeheimst hatten. Der Tempel erhebt sich über einen pinienwaldbestandenen Hügel an der Ostküste der Insel über der Bucht von Agia Marina und ist im dorischen Stil erbaut.

Mit 535 m ist Äginas höchster Berg eher bescheiden; dennoch reicht die Erhebung aus, um den waldbestandenen Gipfel Wolkenbildungen hervorzurufen. Dieser oft zu beobachtende «Hut» des Oros-Berges fiel auch den antiken Griechen auf – für sie war er Anlaß, dem Wolkengott und Regenspender Zeus einen Altar in luftiger Höhe zu errichten.

Braucht es mehr Beweise, um zu erkennen, wie wichtig die seltenen Regenfälle den Griechen, vor allem aber der griechischen Landwirtschaft sind?

Poros ist durch einen kleinen Kanal von Argolis getrennt (Poros bedeutet Meerenge) und bezieht über Rohrleitungen das Trinkwasser: Quellen sind selten auf Poros, obwohl die Insel mit reichlichem Grün bedeckt ist und eine stattliche Anzahl Zitronenhaine, Mandelbäume und Blumengärten trägt. Interessant für den Botaniker sind die reichlichen Kolonien von Meerzwiebeln, die auf Felsen und sandigen Hügeln wachsen: die Zwiebeln enthalten ein tödliches Gift, mit dem bis heute in Griechenland Ratten bekämpft werden...

Hydra und Spetse (Spetses) gelten als mondän. Hydra ist kahl und baumlos, nackt und grau, ein finsterer Außenseiter unter den leidlich grünen Inseln ihres Umkreises. Die kleine Hafenstadt gleichen Namens duckt sich in eine schützende Bucht, und ihre Häuser klettern nur zögernd die Hänge hinauf, als scheuten sie sich, allzu hoch in die nackte Wüste vorzudringen. Die amphitheatrisch angelegten Herrenhäuser sind zumeist aus grauem Schieferstein errichtet und mischen sich in fahlem Kontrast mit den weißen Kuben der neueren Bauten. Hydra wirkt auf Künstler und Individualisten wie ein Magnet, die Reichen aus vieler Herren Länder haben sich auf dem nackten Felsen mit seinen unwirtlichen Küsten und seiner Wasserarmut niedergelassen. Ganz Hydra steht heute unter Denkmalschutz: eine Verbeugung vor der historischen Blüte der Insel im 18. und 19. Jahrhundert und ihrer Rolle im griechischen Freiheitskampf, ihren 143 historischen Kirchen und ihren berühmten Adelshäusern.

In Spetse ist die Landschaft weniger dramatisch; Spetse liegt näher am Festland und trägt Kiefernwälder; weißgekalkte Klöster sind von Zypressen umstanden und in den Gärten der Insulaner wachsen Jasmin, Orangen und Basilikum. Einige der mächtigen Aleppokiefern reichen mit ihren Wurzeln sogar ins Wasser – Kiefern, die der Insel im klassischen Altertum sogar den Namen gegeben haben: Pitioussa, die Kieferbestandene. Heute ist Spetse ein genauso beliebter Wochenendausflugsort für die Athener wie Hydra – vielleicht weniger mondän, dafür aber beschaulicher und leichter zu erreichen: sogar ein kleiner Flughafen ist gebaut worden.

Kreta

Kreta, das ist Wiege der europäischen Kultur, Geburtsstätte des Zeus, Hochzeitsreise Europas, der Tochter des Phönix, des Königs von Sidon; Kreta ist die Heimat des sagenhaften Minos, jenes Königs, der zu Knossos vor rund 3000 Jahren residierte, in einem Palast ohne jede Befestigungsanlagen, denn sein Reich hatte keine Feinde zu fürchten: die Kreter beherrschten die Ägäis und das Libysche Meer, die umliegenden Inseln und weite Teile des Festlandes. Erst der Ausbruch auf Santorin löschte die Kultur des Minotauros aus, jenen Stierkult, den die Griechen dann in ihrer Europasage übernahmen, nach der Göttervater Zeus seine Geliebte Europa vom asiatischen Festland entführt haben soll: als weißer Stier, der die Wellen mit der Hilfe von Delphinen durcheilte.

Kreta ist mit 8335 km^2 und 485 000 Einwohnern die größte Insel Griechenlands, die fünftgrößte des Mittelmeeres und fast zur Gänze gebirgig. Die höchsten Erhebungen erreicht Kreta mit 2452 m in den Lefka Ori im Westteil der Insel, 2456 m im Idagebirge im Zentrum und 2148 m im Dikte (Dikti, Ikte) im Osten. Mehrere Monate im Jahr sind die Gipfel der Bergketten schneebedeckt, was den Lefka Ori den Namen gegeben hat: Weiße Berge. Die Berge sind wild zerklüftet, haben kahle und steile Wände und finstere, oft enge Schluchten. Viele Teile des Inneren Kretas sind nahezu unzugänglich, und besonders im Hinterland von Sfakia in den Lefka Ori gibt es Dörfer, die kaum eines Fremden Fuß betritt. Hier haben sich Bräuche und Sitten aus dem Altertum bis heute erhalten, trotz immer wechselnder Fremdherrschaften, unter denen jene der Türken die schrecklichste gewesen sein muß: Mahnmal wüstester Türkendiktatur ist die Höhle von Milatus im Norden des Dikte, nahe Neapolis, wo 1823 barbarische Türkensoldateska einige hundert Greise, Frauen und Kinder massakrierte, die sich in die unzugängliche Höhle geflüchtet hatten. Über zweitausend solcher Höhlen kennt man in Kreta – in einer soll Zeus geboren worden sein, unweit von Psychro (Psihro) am Nordabhang des Dikte.

Türken – immer wieder begegnet man in der neueren griechischen Literatur diesem Wort. Freiheitskampf und Türken – fast auf jeder Insel tobte der Freiheitskampf, intensiver vielleicht als auf dem Festland, da der Freiheitswille der in vielen Dingen autarken Insulaner viel ungebrochener war. Bis heute auch herrscht in den Bergen von Sfakia die Blutrache, vergleichbar dem blutigen Treiben der Manioten auf dem südlichsten Peloponnes. Einem solchen freiheitsliebenden und rachedurstigen Volk mußten die Türken erliegen. Wenn man weiß, wie die Geschichte den Türken zeichnet, versteht man das beständige Auflehnen in der griechischen Literatur; zweimal standen die Türken vor Wien (1529 und 1683), jahrhundertelang hatten sie Griechenland unterdrückt. Franz Werfel schrieb in seinem Buch «Die vierzig Tage des Musa Dagh» das erschütternde Dokument der Ausrottung der Armenier durch die Türken. Die Türken metzeln auch heute noch im verborgenen unter den Kurden, und die jüngste Geschichte der Mittelmeerinsel Zypern zeigt in der Art der «Teilung» der Insel in türkische und griechische Zone erneut die türkische Denkart. Jedenfalls kommt in der griechisch-türkischen Feindschaft die ganze Verschiedenheit zwischen Christentum und Islam zum Ausdruck, verschärft durch beiderseitige Orthodoxie in Religion, Denken und Handeln.

Kretas Nordküste ist das Ziel des europäischen Tourismus. Sie ist buchtenreich und durch Straßen und Besiedlung gut erschlossen. Chania (Hania), die Hauptstadt, Rethymnon, Iraklion (Herakleion), Agios Nikolaos und Sitia liegen an der ägäischen Küste Kretas; das Gesicht der Insel ist Europa zugekehrt – Afrika kehrt sie den Rücken. Wie ein Rückgrat zerteilt die Kette der Gebirge die Insel; ihre Südküste ist in ihrer Schroffheit, Wildheit und Einsamkeit abweisend – als gehörte die afrikanisch-asiatische Herkunft der europäischen Kultur der Vergangenheit an, als schämte man sich dafür (was man tatsächlich tut), als wollte man sie vergessen. Nur Stichstraßen führen zu der wilden Küste gegen das Libysche Meer, und um die Lefka Ori gibt es Ortschaften, die nur über schmale Maultierpfade oder gar nur vom Meer her erreichbar sind.

Das Klima auf Kreta ist einmalig; die Gebirge sind hoch genug, um für die Insel ausreichende Niederschläge aus dem umliegenden Meer aufzufangen – das frühlingshafte Grün der Insel beweist es. Da gibt es dickstämmige Johannisbrotbäume und Ölbäume, die im kretischen Licht silbrig schimmern; der Mensch hat Orangenbäume gepflanzt und die Hänge mit Weinstöcken kultiviert; Mispelbäume, Thymian und Salbei bedecken die Insel, und auf der nordöstlichsten Spitze, bei Vai, steht gar ein dichter Palmenhain – Folge achtlos ausgespuckter oder weggeworfener Dattelkerne erster afrikanischer Siedler oder Besucher.

Es gibt nur kleine Verebnungen auf Kreta, eine davon ist die Hochebene von Lassithi im Osten der Insel, im Herzen des Dikte. Schachbrettartig angelegte Bewässerungskanäle durchziehen die Ebene, und Abertausende von Windmühlen – Begeisterte sprechen von bis zu 15 000 (!) – pumpen unermüdlich das Wasser aus den Tiefen der Erde. In jedem Bewässerungsquadrat steht eine Windmühle, und die Landschaft scheint von Windmühlen bestanden zu sein, als ob sie dort wüchsen; oder als ob sich ein Schwarm riesiger, mit den Flügeln schlagender Vögel auf den Feldern niedergelassen hätte.

An der Nordküste und im fruchtbaren Land dahinter stehen Bananenplantagen und endlose Haine von Mandelbäumen. Immer wieder aber, ob im Norden oder in der südlicheren Ebene bei Phaistos (Festos), breiten sich die Ölbaumplantagen aus und die Zitronenhaine; darunter oder dahinter aber ist silbriges Meer, in dem das Sonnenlicht badet. Obst- und Gemüsekulturen, Weinberge und Olivenhaine prägen die fruchtbare Messara-Ebene, durch die die Straße von Iraklion nach Phaistos im Süden der Insel führt.

Das Klima Kretas ist typisch mediterran: kaum Niederschläge im Sommer, dafür aber Regen im Winter; kalt wird es in Meereshöhe kaum, nur die Berggipfel bedecken sich in den Wintermonaten mit Schnee, und die Mönche der höher gelegenen Klöster verbrennen Holzscheite in offenen Kaminen, während draußen der Hagel tobt und der Wind. Dennoch sind die Winter mild: Palmen wachsen immer wieder entlang der Südküste und geben ihr ein afrikanisches Gepräge.

Die Wiege Europas ist noch in kolossalen Ruinenfeldern erlebbar: in Knossos, wenige Kilometer außerhalb von Iraklion, imponiert der restaurierte Palast des Minos, das Vorbild des antiken Labyrinths, der von Arthur Evans ausgegraben und später – leider – eher phantasievoll rekonstruiert wurde. Die Archäologen stehen immer wieder vor dem gleichen Problem: Läßt man Ruinenfelder verfallen oder gräbt man sie nur aus, ohne an ihnen Veränderungen vorzunehmen, beläßt man sie zwar authentisch, aber an die Phantasie des Besuchers und Betrachters wird mitunter großer Anspruch gestellt; greift der Archäologe jedoch helfend ein und gestaltet er nach seinen Vorstellungen, verfälscht er und nimmt der Stätte den Nimbus des Unvergänglichen, rührt er am Flair des Vergangenen.

Dem Liebhaber antiker Kostbarkeiten mögen die rostroten, sich nach unten verjüngenden Säulen des Palastes von Knossos gewaltig und übertüncht in einem vorkommen; es gibt eine verwirrende Anzahl von Treppen, Lichthöfen, Terrassen und Gemächern, und der Kenner der Theseussage wird sich Ariadnes Wollknäuel bildhaft vorstellen können, das Theseus wieder den Weg in die Freiheit wies.

In Knossos, Phaistos, Malia und Zakros stehen die Zeugen jener faszinierenden Vergangenheit, als in Kreta die Kultur und Zivilisation blühte, während das übrige Europa noch im Dunkel der Geschichte und in der Dumpfheit der Barbarei lag. Wandmalereien aus der damaligen Zeit vermitteln ein Bild des Lebens vor mehr als 3000 Jahren, als die Frauen barbusig gingen und stolze Haltung dabei bewiesen, ganz offenbar nicht nur Sexualobjekt für den Mann, sondern autonome, selbstbewußte Wesen.

Welche Kultur! Ein Land, in dem Milch und Honig flossen, wie die heutigen Kreter von ihrer Insel sagen, in dem es keine Feinde gab, dessen Bewohner die – damals bekannte – Welt beherrschten, unumstritten und, wie die Figurinen zeigen, mit Nonchalance, im Grunde heiter gestimmt und lebensfroh, ohne Achtstundentag und ohne Produktionsdenken, verwoben dem einfachen und doch so zutiefst mythischen Stierkult, unerlöst zwar im christlichen Sinn, aber, wie uns scheint, viel glücklicher als der Mensch von heute.

Um 1400 v.Chr. flog Atlantis in die Luft, explodierte die Insel Thera in einer gewaltigen Eruption, die den Himmel verdunkelte und das Leben ersterben ließ. Gewaltig muß die Flutwelle gewesen sein, die das glückliche Nordufer der Insel heimsuchte, fürchterlich das Erdbeben, das die Insel erschütterte, hörbar vielleicht der Donner und spürbar die Druck- und Hitzewelle. Platons Atlantis, von dem bis heute niemand weiß, ob es existiert hat und vor allem, wo es gelegen haben mochte, versank in der Ägäis – wenn man zustimmt, daß Atlantis Thera (Santorin) gewesen war, und vieles spricht dafür. Mit Atlantis aber ging auch die minoische Kultur auf Kreta zugrunde.

Oder war gar das Kreta des Minotauros das sagenhafte Atlantis? Vielleicht aber ist Atlantis nur das antike Pendant zum nordischen Thule, jenem Land, das fern jedem jemaligen Erreichen liegt, ein Traumland der Sehnsucht sozusagen, ein nie wahrwerdender Wunsch, jenseits menschlicher Mühsal, irdischen Streits und diesseitiger Widerwärtigkeiten? Dann ist Atlantis «nur» der Traum eines goldenen Zeitalters, das die Menschen verwirkten, als die Götter zürnten über das Wohlleben und das Glück der Irdischen, denen solches doch gar nicht bestimmt war?! Atlantis ist zugrunde gegangen und die minoische Kultur. Das goldene Zeitalter ist endgültig zu Ende – und was bleibt, ist das Heute, das in ferner Zukunft vielleicht als die schrecklichste Zeit überhaupt bezeichnet werden wird, als Anti-Atlantis und Anti-Thule menschlicher Phantasie und irdischen Glückstrebens.

Der Touristenstrom nach Kreta nimmt alljährlich zu. So auch die Sehnsucht des Menschen nach dem Glück. Atlantis aber ist schon vor 3000 Jahren zugrunde gegangen. Schade.

GESCHICHTLICHER ÜBERBLICK

Die Prometheus-Sage erzählt, daß dem Menschen vom Titanensohn das Feuer gebracht worden sei. Prometheus hätte den langen Stiel des markigen Riesenfenchels an den vorüberfahrenden Sonnenwagen gehalten und den glimmenden Stengel in einen irdischen Holzstoß geschoben.

Damit aber hatte er das Gebot des Zeus übertreten, der den Irdischen die Macht des Feuers hatte vorenthalten wollen. Zur Strafe sandte Zeus daher Pandora, die Allbeschenkte, auf die Erde, die ein großes Gefäß mit sich brachte, das sie dem Epimetheus überreichte. Dieser etwas dümmliche Bruder des weisen Prometheus öffnete den Deckel des Gefäßes, und ihm entflogen alle Übel der Welt; das Elend erfüllte in allen Gestalten Erde, Luft und Meer. Die Krankheiten irrten unter den Menschen umher, heimlich und schweigend, denn Zeus hatte ihnen keine Stimme gegeben; eine Schar von Fiebern hielt die Erde belagert, und der Tod, früher nur langsam die Sterbenden beschleichend, beflügelte seinen Schritt.

Der Übel kamen gar viele über die Griechen – vor allem kriegerischer Natur, denn Griechenland war seit eh und je Schauplatz steter Kulturveränderungen, blutiger Schlachten, Wechsel der Völker und der Herrscher. Ein ruhiges Land war diese Drehscheibe der Völker und der Herrscher nie – aber es war Ausgangspunkt der Besiedlung Europas schlechthin.

In Thessalien liefern Funde den Beweis einer Besiedlung, die von den Archäologen auf rund 100000 v.Chr. datiert wird. Hier tauchen auch um 7000 v.Chr. die ältesten Siedlungen Europas auf, kulturell beeinflußt vom nahen Kleinasien.

Der erste Kulturschock fegte um 2800 v.Chr. über das Land, als die ersten Indoeuropäer es besetzten und die Bronze ihren Siegeszug im südöstlichsten Vorposten Europas antrat. Die ältesten europäischen Kulturen bildeten sich zwischen 2800 und 2000 v.Chr. um das festlandgriechische Zentrum in Lerna (Frühhelladische Epoche) und auf Kreta (Frühminoische Periode). Griechen freilich waren die Kreter noch keine – diese kamen erst um rund 2000 v.Chr. mit den Völkern der Ionier und Achäer. Sie eroberten das Land, unterwarfen die Urbevölkerung und kamen mit den Kretern in Berührung: für die Griechen ein fruchtbares Zusammentreffen, da sie von der damals ihnen weit überlegenen Kultur des Minos profitierten. Diese minoische Kultur brachte bereits zwischen 2000 und 1700 v.Chr. Paläste in Knossos, Phaistos und Malia hervor. Eine unbekannte, aber wirksame Katastrophe um 1700 v.Chr. zerstörte diese Bauten; sie wurden jedoch noch schöner und noch größer errichtet.

Um 1580 v.Chr. endet diese Epoche (Mittelhelladische Periode), und die Späthelladische oder Mykenische Epoche beginnt. Jetzt erreicht die minoische Kultur ihren absoluten Höhepunkt – ein neues Unglück, diesmal jedoch eindeutig als der Ausbruch des Vulkans Thera (Santorin) in der Ägäis erkannt, rafft die kretische Hochblüte und damit die erste Hochkultur Europas hinweg. Die Rolle, Führer der europäischen Zivilisation zu werden, fällt den Griechen zu: Mykene in der Landschaft Argolis auf dem Peloponnes wird zum ersten griechischen Kulturzentrum. Diese mykenische Kultur beeinflußte ganz Festlandgriechenland, die Ägäis und das Ostmittelmeer und erreichte im 14. und 13. vorchristlichen Jahrhundert ihren Höhepunkt.

Man kann die mykenische Kultur als die eigentliche Frühzeit des griechischen Volkes bezeichnen: es wurden befestigte Akropolen und Paläste gebaut, aus denen uns die erste Vorform der griechischen Sprache überliefert ist (Linear B). Mächtige Stadtgründungen fallen in diese Epoche: Mykene, Tiryns, Pylos, Athen, Theben und andere. Im Unterschied zu den Kretern waren diese frühen Griechen echte Räuber, die gegen ihre Nachbarn, vor allem gegen die Levantiner, immer wieder Raubzüge unternahmen. Im Zuge dieser Fahrten wurden auch die minoischen Paläste endgültig zerstört.

Den Mykenern erging es nicht anders. Um 1100 v.Chr. drang von Norden eine zweite Welle von Eroberern in das Gebiet des heutigen Griechenlands: die Dorer. Sie unterwarfen oder vertrieben die dort ansässigen Achäer, vernichteten die mykenische Kultur und gründeten unter anderem Sparta. Die flüchtenden Achäer schifften sich nach Kleinasien ein und griffen Troja an. Zumindest wird die homerische Belagerung Trojas in diese Zeit und diese Völkerwanderung datiert. Der Sagenkreis von Ilias und Odyssee stammt aus dieser Zeit der griechischen Koloniegründungen an der kleinasiatischen Küste (um 800 v.Chr.). Es ist die Zeit Homers und Hesiods, des ersten verbürgten europäischen Dichters.

Die Griechen, früher nur Ackerbauern und Viehzüchter, wurden auf dem Meer heimisch und gründeten bis zum 6. Jahrhundert weitere Kolonien. An den Küsten Spaniens, Galliens und Italiens entstanden neue Siedlungen, in Sizilien und Unteritalien schufen die Kolonisatoren zusammenhängende Siedlungsräume. Es war die Zeit Großgriechenlands mit den berühmten Neugründungen von Neapolis (Neapel), Taras (Tarent), Messana (Messina), Katane (Catania) und Syrakusai (Syrakus), um nur einige wichtige Städte zu nennen. In Griechenland selbst entwickelten sich Städtebünde mit einheitlicher Religion, Gesellschafts- und Lebensform. Trotz verschiedener Stammeszugehörigkeit verstanden sich die Griechen dieser «Archaischen Zeit» (700–500 v.Chr.) bereits als ein Volk. Sie befragten das Orakel zu Delphi, trugen Wettkämpfe in gemeinsamen, panhellenischen, heiligen Stätten aus, und hielten ab 776 v.Chr. die Olympischen Spiele ab. Politisch geeint waren die Griechen dennoch nicht – sie waren in eine Vielzahl von Stadtstaaten zersplittert (Polis), in denen die verschiedensten Regierungsformen zum Ausdruck kamen: Königtum, Aristokratie, Tyrannis. Die Demokratie tauchte erst 510 v.Chr. unter Kleisthenes im ionischen Athen, dem ewigen Widerpart des dorischen Sparta, auf.

Dann folgten die Epoche der Perserkriege (500–479 v.Chr.), die Blütezeit Athens unter Perikles (444–431), der Peloponnesische Krieg (431–404 v.Chr.) und das Makedonische Zeitalter (338–323 v.Chr.), das Alexander der Große prägte.

Die Zeit der Perserkriege ist die Hochzeit des Griechentums, das klassische Altertum. In sie fällt der Sieg von Marathon 490 v.Chr., in ihr ließ Xerxes 480 v.Chr. das Meer peitschen, weil ihm der Sturm seine Brücke über den Hellespont zerstört hatte. In der Folge überrannten die Perser die Thermopylen, wurden 479 v.Chr. bei Salamis durch die Kriegslist des Themistokles zur See und bei Platää zu Land geschlagen. Es waren schwer errungene Siege, die das Selbstbewußtsein der Griechen festigten; 477 v.Chr. kam es zur Bildung des Delisch-attischen Seebundes.

Unter Perikles (499–429 v.Chr.) erreichte die athenische Demokratie ihren ersten Höhepunkt. Es war die goldene Zeit, in der Kunst und Literatur zu bisher ungeahnten Höhen emporstiegen. Gleichzeitig war es die Ära der berühmten griechischen Philosophen, der Sophisten wie Protagoras, Georgias von Leontinoi und Prodikos; der «wahren» Philosophen wie Demokrit (460–370 v.Chr.), Sokrates (470–399 v.Chr.), Platon (427–347 v.Chr.); und der beiden «Gegner», dem Kyniker Diogenes aus Sinope (412–323 v.Chr.) und dem Hedonisten Aristippos von Kyrene (435–355 v.Chr.). Von Diogenes heißt es, daß er dem großen Alexander, als jener ihn in Korinth nach seinen Wünschen befragt haben soll, antwortete: «Geh mir ein wenig aus der Sonne!»

Der Fluch des Zeus beendigte auch dieses goldene Zeitalter: Athen und Sparta bekriegten einander im Peloponnesischen Krieg (431–404 v.Chr.). Athen verlor. Die letzten Jahre der griechischen Freiheit (403–338 v.Chr.) brechen an. Sie bringen den Hellenen den Korinthischen Krieg (394–387 v.Chr.) und 386 v.Chr. den sogenannten Königsfrieden des persischen Großkönigs Antalkidas. Seine Bedingungen waren hart, garantierten aber den einzelnen Stadtstaaten ihre Autonomie. Es sollte für die nächsten 2000 Jahre das letzte Mal sein.

Unter dem makedonischen König Philipp II. (383–336 v.Chr.) werden 338 v.Chr. die Thebaner bei Chäronea geschlagen; 336 v.Chr. wird Philipp nach Gründung des Korinthischen Bundes ermordet, sein Sohn Alexander der Große (356–323 v.Chr.) übernimmt die Macht über das erstmals geeinte Griechenland. Im berühmten Feldzug gegen Persien wird das Perserreich zertrümmert. 331 v.Chr. gründet Alexander im Nildelta Alexandrien und nimmt Babylon und Persepolis. Nach dem Indienfeldzug stirbt er 323 v.Chr. in Babylon an Malaria.

Als Hellenistisches Zeitalter gilt die Epoche von 323 bis 146 v.Chr. Nach dem Tode Alexanders werden seine Generale zu Königen des in verschiedene Teile zerfallenden Großreiches: die Diadochenreiche entstehen (von *diadoche* = Nachfolge). Vierzig Jahre lang dauern die Kämpfe um die Nachfolge. Vergeblich versuchen die Griechen die Vorherrschaft Makedoniens abzuschütteln: 279 v.Chr. kommt es zur Gründung des ätolischen und des achäischen Bundes, die gegen die makedonische Besetzung ankämpfen. Aber erst 168 v.Chr. wird Perseus von Makedonien endgültig geschlagen – die makedonische Großmachtstellung war gebrochen.

An ihre Stelle treten die Römer. 146 v.Chr. werden die Griechen in der Nähe des Korinthischen Isthmus entscheidend geschlagen. Rom regiert über Hellas, und Griechenland wird Schauplatz bedeutender Schlachten: 48 v.Chr. schlägt Cäsar den Pompejus bei Pharsalos in Thessalien, 31 v.Chr. besiegt Augustus den Antonius bei Actium am Golf von Arta. Trotz Fremdherrschaft bleibt die Entwicklung in Griechenland ruhig und ausgeglichen: Das griechische Idiom bleibt offizielle Sprache, die griechische Kultur beeinflußt die römische. Horaz schreibt darüber: «Das besiegte Griechenland unterwarf seinen schroffen Eroberer durch die Hellenisierung des römischen Kaiserreiches.» Vornehme Römer studieren an griechischen Philosophenschulen.

Im 1. nachchristlichen Jahrhundert verbreitet sich das Christentum auch in Griechenland. Paulus predigt in Athen und gründet Gemeinden in Korinth und Saloniki. Im 4. Jahrhundert werden die alten «heidnischen» Bräuche verboten, die Tempel in Kirchen umgewandelt.

395 n.Chr. fällt Griechenland anläßlich der Teilung des römischen Weltreiches in West- und Ostrom an das Byzantinische Reich. Dann folgen die Invasionen der «Barbaren» aus dem Norden: Goten, Slawen, Awaren dringen nach Griechenland vor, 529 wird Athens philosophische Schule geschlossen, es sinkt zu einer bedeutungslosen Provinzstadt herab, Thessaloniki wird zur zweiten Stadt hinter Konstantinopel.

Im 11. und 12. Jahrhundert kommen die normannischen Eroberer auch nach Griechenland; sie unterwerfen Epirus und Teile von Thessalien, Theben und Korinth. Vom Norden her kommen die Kreuzfahrer, 1204 erobert das christliche Heer unter venezianischer Führung Konstantinopel. Die Franken gründen auf griechischem Boden Feudalstaaten: das Herzogtum von Athen und Theben und das Fürstentum Andrawida, das fast den gesamten Peloponnes bedeckt. Teile des Peloponnes, Kreta und die meisten Inseln jedoch fallen an die Venezianer.

Im 15. Jahrhundert stoßen die Türken vor. Sie erobern 1453 Byzanz und benennen es in Stambul um. 1456 fällt Athen an den Halbmond, Griechenland und die gesamte Balkanhalbinsel geraten in die Hand der Ottomanen. Vergeblich kämpfen die Venezianer, die sich auf den Ägäischen Inseln und in verschiedenen Häfen des Peloponnes verschanzt hatten, gegen sie. 1687 fliegt bei einem der letzten Angriffe der Venezianer das Parthenon in die Luft. Die Türken hatten es als Munitionsdepot und Moschee verwendet und eine venezianische Granate tat ihr Übriges. Dann halten die Türken das Land rund 150 Jahre lang eisern unter Kontrolle; es verblutet und verarmt unter ihrer Tyrannei; die Steuerlast ist enorm.

Ab dem Jahr 1821 flackert immer wieder organisierter Widerstand auf: auf dem Festland, vor allem aber auf den Inseln, auf Kreta. 1827 ist es endlich soweit – der türkische Terror ist gebrochen. Am 3. Februar 1830 erlangt Griechenland seine Unabhängigkeit, griechischer König wird Otto, ein Sohn des Bayernkönigs Ludwig I.

Die Türken zählen seither bei den Griechen zu den meistgehaßten Menschen. Der Streit um Zypern und die Teilung der Insel haben das Verhältnis zwischen den beiden Völkern nicht verbessert. Obwohl Griechenland und Türkei beide der NATO angehören, stehen sie einander Gewehr bei Fuß gegenüber. Die neuentdeckten Erdöllagerstätten in der Ägäis wirken auf die beiden verfeindeten Staaten weiterhin aufreizend.

Auch innenpolitisch blieb der griechischen Monarchie nichts erspart; angeblich um einem drohenden Linksputsch zu begegnen, übernahmen im Mai 1967 griechische Militärs die Gewalt im Staat. Der König verließ das Land und ging nach Rom ins Exil. Er blieb auch im Ausland, als 1974 dem griechischen Spuk des Militarismus und der Rechtsdiktatur ein Ende bereitet wurde: Griechenland ist heute eine Republik.

Eine Sage meldet: die Tugend wohnt
Auf schwer ersteiglichem Felsen und jetzt
Schwebt sie fern um der Götter heilgen Sitz;
Nicht aller Sterblichen Augen zeigt sie sich –
Nur dem, der im marternden Schweiß starkherzig
Zum Gipfel aufklimmt der Mannhaftigkeit.

SIMONIDES VON KEOS
(um 556–468)

Übertragung aus dem Griechischen von Otto Crusius

127 Meteorakloster Russani in Thessalien – eines der 23 während der Türkeneinfälle im 14. und 15. Jahrhundert in idealer Schutzlage errichteten Klöster, zu denen man oft nur über Strickleitern gelangte. Sieben davon sind heute noch erhalten, vier sind bewohnt.

128 Die Landschaft, welche die Meteoraklöster «trägt», (*metéora* = schwebend) besteht aus harten Sandsteinbänken, aus denen im Verlauf der Jahrtausende durch Wasser und Wind bizarre Felsdome und -säulen herausmodelliert wurden.

130 Ausblick vom Kloster Meteoron – dem größten und bedeutendsten Meteorakloster, das heute auch Touristen Unterkunft gewährt.

133 Eliaskloster auf Santorin.

134 Kloster Käsariani in der Nähe von Athen. Zu der im 11. Jahrhundert neben den Ruinen eines Aphroditetempels erbauten Kirche gehören auch ein Refektorium, eine Mühle, ein Backhaus und ein Bad.

135 Panaghia i Kera bei Kritsa, Kreta. Diese dreischiffige byzantinische Kirche aus dem 13. Jahrhundert besitzt großartige Fresken.

136 Fresken in der Panaghia i Kera in Kritsa.

137 Fresken in der Panaghia i Kera in Kritsa.

138 Kloster Odiskitria bei Matala, Kreta.

140 Die Mönche von Langobarda in ihrer Malerwerkstätte.

141 Ikone aus der Kirche von Nea Skiti, Athos.

142 Kloster in der Mönchsrepublik Athos. Der östlichste Ausläufer der Halbinsel Chalkidike in Makedonien trägt heute noch zwanzig größere Klöster, die ab dem 10. Jahrhundert errichtet wurden, neben zahlreichen Einsiedeleien. Während im 16. Jahrhundert noch 40000 Mönche auf Athos lebten, sind es heute nur noch etwa 1700.

143 Johanneskloster auf Patmos. Im Mittelalter war dieses hoch über dem Städtchen Patmos gelegene Kloster eines der reichsten des Landes. Sein Name *Ioannu Theologu* erinnert an den Evangelisten Johannes, der auf dieser Insel die Offenbarungen geschrieben haben soll.

144 Die Kirche Haghia Sophia in Monemvasia, Peloponnes, ist eines der wenigen Baudenkmäler der Stadt aus byzantinischer Zeit.

145 Oben: Die Klosterfestung Panaghia Chryssoviotissa auf Amorgos wurde im Jahre 1088 gegründet und beherbergt eine wundertätige Ikone.

Unten: Kloster Dionysin auf Athos.

146 Oben: Überall in Griechenland gehört der Pope zum alltäglichen Straßenbild wie in diesem Kapheneion auf der Halbinsel Methana, Peloponnes.

Unten: Popen segnen die Ernte.

147 Alter Pope bei Vatopedi, Athos.

148 Kuppelmosaik «Christo Pantokrator» in Daphni. Das Kloster Daphni gilt als das bedeutendste byzantinische Denkmal Attikas. Die Hauptkirche mit den großartigen Mosaiken stammt aus dem 11. Jahrhundert.

DIE STÄTTEN DES GLAUBENS

Einzig die Hoffnung blieb von den Himmlischen unter den Menschen,
Zu den olympischen Höhn kehrten die übrigen heim.
Treue, die mächtige Göttin, entwich, es entwich die gestrenge
Zucht, und die Grazien, Freund, suchst du auf Erden umsonst.
Nicht mehr gelten im Volk als heilig die teuersten Eide
Und der Unsterblichen denkt keiner und ehrt sie mit Scheu;
Sondern der Frommen Geschlecht starb aus und weder des Rechtes
Satzungen achten sie mehr, noch den geheiligten Brauch.
Aber solange du lebst und das Licht noch schauest der Sonne,
Klammre mit treuem Gemüt fest an die Hoffnung dich an,
Und wann unter Gebet süßduftendes Opfer du zündest,
Sei es zuerst und zuletzt immer der Hoffnung geweiht.

THEOGNIS VON MEGARA
(um 550 v.Chr.)

Übertragung aus dem Griechischen von Emanuel Geibel

Über die Schönheiten der Ägäis mit ihren unendlichen Erinnerungen, von der Seeherrschaft des Königs Minos von Kreta bis zur Weltherrschaft der römischen Kaiser, ist wie ein Goldfiligran das byzantinische Jahrtausend gebreitet. Es hat vom Ende der Spätantike bis zur Entdeckung Amerikas gedauert. Sein Mittelpunkt ist das griechische Konstantinopel gewesen. Überall im Bereich der Ägäis finden wir die Kirchen jener Zeit im Schmuck ihrer wunderbaren Mosaiks. Überall in dieser Welt kretischer, mykenischer, griechischer und römischer Überlieferungen stoßen wir auf Erinnerungen an die Heiligen der frühen Zeit, an die Konzile mit ihren die Welt bewegenden Entscheidungen, an die Kirchenväter mit ihrer vom Heiligen Geist erleuchteten Gelehrsamkeit.

Die Baufreudigkeit dieser frommen Welt zu Ehren Christi und der Jungfrau Maria war nicht geringer als vordem die zu Ehren der Olympischen Götter. Auf eine ganz merkwürdige Weise haben wir aus unserem westlichen Bewußtsein verdrängt, daß die Menschen dieser byzantinischen Welt ohne jede Unterbrechung der Tradition die Nachfahren der Griechen sind, die den Parthenon gebaut haben. Die Frage, was aus der Kultur der Antike geworden wäre, wenn sie nicht zugrunde gegangen wäre, läßt sich beantworten. Wir wissen, was aus ihr geworden wäre, eben das nämlich, was aus ihr geworden ist – die Welt von Byzanz.

PETER BAMM
(An den Küsten des Lichts, 1961)

ΜΡ
ΘΥ

IC
XC

Über den Göttern und Menschen ein einziger Gott und ein höchster
Lebt, nicht Sterblichen gleich an Gestalt noch an Geist und Gedanken.
Aber der Mensch meint, Götter gebären und werden geboren,
Denken und reden wie er und wähnt sie gestaltet wie er ist.
Stellt doch der Mohr sie sich schwarz, stumpfnasig und kraus,
    und der Thraker
Trotzigen Blicks, rothaarig wie sich, blauäugig und wild vor.
Wahrlich! Besäßen der Stier und der Löwe die Hände des Menschen,
Sich von den Göttern zu machen ein Bild und in Stein zu verkörpern,
Würde der Stier sie als Stier, als Leu sie der Löwe sich bilden.

XENOPHANES VON KOLOPHON
(um 570–480)

Übertragung aus dem Griechischen von Lorenz Straub

Nötige nie beim Feste den Gast, ungern zu verweilen,
Noch auch mahn ihn zu gehn, eh es ihm selber gefällt.
Auch wenn einer der Zecher, vielleicht vom Weine gepanzert,
Sanft in Schlummer verfiel, wecke den Schläfer nicht auf;
Noch verweise, bevor er es wünscht, aufs Lager den Muntren;
Denn im tiefsten Gemüt ärgert uns jeglicher Zwang.
Aber dem Durstigen sei stets nah mit dem Kruge der Mundschenk;
Nicht allnächtlich wie heut ist ihm zu schwärmen vergönnt.

THEOGNIS VON MEGARA
(um 550 v.Chr.)

Übertragung aus dem Griechischen von Emanuel Geibel

153 Wohnhaus auf dem Lande.

154 Blendend weiß getüncht sind die Häuser und die verwinkelten Treppen in Thera, auf der Insel Santorin. Die Insel, deren Besiedlung sich bis ins 3. Jahrtausend v.Chr. zurückverfolgen läßt, bildet mit ihren Nebeninseln einen riesigen Kraterrand, der auf einer gewaltigen Vulkanexplosion um 1400 v.Chr. beruht. Von manchen Forschern wird auch die Ansicht vertreten, Santorin sei das sagenhafte Atlantis gewesen.

155 Aus groben Feldsteinen geschichtete Häuser in Ano Viannos auf Kreta.

156 Strickende Frau auf Skopelos. Im Sommer spielt sich das Leben vorwiegend im Freien ab.

159 Nebel um Thera, Santorin. Auf diesem Bild treten deutlich die terrassierten und durch Mäuerchen abgegrenzten Felder in Erscheinung, welche die Bodenabspülung bei starken Regenfällen verhüten sollen.

160 Langadia, im Innern des Peloponnes, liegt von reicher Vegetation umgeben an einem Steilhang.

161 Hermupolis ist der Hauptort von Syros und das Verwaltungszentrum der Kykladen. Bis ins letzte Jahrhundert der größte Hafen ganz Griechenlands, ist er heute noch der Mittelpunkt des ägäischen Schiffsverkehrs. Der Handelsreichtum zeigt sich in vorwiegend aus dem letzten Jahrhundert stammenden repräsentativen Verwaltungsbauten.

162 Die Plaka, heute das Vergnügungsviertel von Athen, zeigt mit ihren engen, verwinkelten Gassen und alten Häusern noch kleinstädtischen Charakter.

164 Skyros, auf der gleichnamigen Insel, klebt in eindrucksvoller Schutzlage an einem steilen Felsen über dem Meer.

165 Blick über die Flachdächer von Patmos.

166 Oben: Bauernhaus auf Patmos. Die Quader- oder Würfelform ist auf den griechischen Inseln weit verbreitet. Die weiße Tünche reflektiert einen Großteil der einfallenden Sonnenstrahlung. Das Hausinnere bleibt so hinter den dicken Mauern angenehm kühl.

Unten: Rundhaus aus aufgeschichteten Bruchsteinen auf Kreta. Die Waldarmut Kretas zeigt sich auch im Hausbau; die meisten Häuser sind aus Stein. Hier liegt das Baumaterial gleich hinter dem Haus als plattiger Fels.

167 Oben: Bauernhaus auf Limnos. Baumaterial liefern auch die steinigen Äcker. Viele Abgrenzungsmäuerchen, aber auch Häuser, bestehen aus aufgeschichteten Feldsteinen.

Unten: Haus auf der Halbinsel Kassandra. Die nahen Wälder erlauben Anbauten aus Holz.

168 Apollonia auf Sifnos. Das komplizierte Muster der Steinmäuerchen und die steinige Straße sind Ausdruck einer kargen, aber intensiv bearbeiteten Landschaft.

169 Mühle auf Ios.

170 Auf dem Weg zum Markt, Peloponnes.

171 Markt auf Rhodos. In den großen Körben werden Trauben aufbewahrt, von denen viele getrocknet und als Sultaninen oder Korinthen exportiert werden.

172 Oben: Marktstand in Ioannina, Epirus.

Unten: Gemüseladen in Myrina auf Limnos.

173 Wassermelonen.

174 Kleinhändler auf Mykonos.

175 Teppichverkäuferinnen.

176 Trödlerläden in der Plaka, Athen.

177 Oben: Taverne auf Paros.

Unten: Nachtlokal in der Plaka, Athen.

178 Abendstimmung auf dem Markt.

IN DÖRFERN UND STÄDTEN

Manchem Geleis kann folgen der Lebende! Dort auf dem Marktplatz
Fülle der Ehre und Kunst sinniger Händel; daheim
Ruhe: Genuß der Natur beut Ländlichkeit; wieder die Meerflut
Schätze: die Fremde bekränzt dich, bist du bemittelt, mit Ruhm;
Darbst du, du weißt es allein: heiratest du, muß sich das Haus dir
Schmücken; vermählst du dich nicht, bleibt um so leichter dein Los.
Kinder sind Lust; harmlos ist der Ledige: Tage der Jugend
Freun sich der Kraft; Gott scheun lehret das Greisengelock.
Nicht der beiden nur *eins* drum frommete: nimmer das Dasein
Anschaun, oder vergehn: Alles im Leben ist gut.

METRODOROS VON LAMPSAKOS
(augusteische Zeit)

Übertragung aus dem Griechischen von Wilhelm Ernst Weber

THERA

Hier lebt eine göttliche Urkraft in ihrer schaurigen Wildheit. Hephaistion heißt nach Hephaistos noch heute der Vulkan. Wenn auch der Feuergott hier tobt, sind doch die anderen Götter der Insel gewogen. Der Weinstock gedeiht hier üppiger als anderswo. Hier auf der verwitterten Lava wächst ein Wein, der die berühmten Lacrimae Christi des Vesuvs bei weitem übertrifft, dunkelgolden, schwer und honigsüß. Wenn ich die Augen von dem Feuerherd ablenke, trinkt sich der Blick voll an der märchenhaft schönen Landschaft: die schwarze Kraterwand unter mir, die weißen Häuschen wie eine Kette weißer Korallen auf schwarzem Samt, die klotzigen Klippen, die gleich Wachttürmen aufragen; auf dem Rücken der Insel die üppigen Gärten, die spitzen Schwerter der Agaven; und darüberhin die Inselwelt der Kykladen, die wie Schilde auf dem göttlichsten aller Meere liegen. Dieser Anblick läßt es verstehen, warum diese Insel ursprünglich Kalliste hieß, die Schönste, bis dann der Dorer Theras sie eroberte. Die unvergleichliche Schönheit besteht im Gleichklang von Lieblichem und Erhabenem, der durch die Nähe des Schrecklichen den ganzen Schmerz und alle Wonne der Welt in sich vereinigt. So wie die Blume am Rand des Abgrunds am herrlichsten blüht, so schwillt die Zeugekraft der Natur dort am berauschendsten auf, wo der Tod ihr unheimlicher Nachbar ist.

FRANZ SPUNDA, 1925
(Wegner: Land der Griechen)

OSCAR

ΧΡ. ΤΣΟΥΚΑΛΟΣ

2
ΦΑΝΟΥΡΑΚΗ
ΚΙΝΕΤΟΥ 4

LOUER

Als wir nach Athen zurückfuhren, wurden wir durch die Entfaltung einer elektrischen Lichterpracht belohnt, die für mich unter den Städten dieser Erde nicht ihresgleichen hat. Der Grieche ist in das elektrische Licht ebenso verliebt wie in das Sonnenlicht. Keine sanften Schatten wie in Paris oder New York, sondern jedes Fenster strahlt vor Licht, als hätten die Bewohner gerade eben das Wunder der Elektrizität entdeckt. Athen funkelt wie ein Kristallkronleuchter in einem leeren Raum mit gekachelten Wänden. Was aber bei der übermäßigen Beleuchtung einzigartig ist, ist die Weichheit, die es trotz des grellen Glanzes bewahrt. Es ist, als habe sich der Himmel, flüssiger, greifbarer geworden, gesenkt, um jede Spalte mit einem magnetischen Fluidum zu erfüllen. Athen schwimmt in einem elektrischen Strom, der unmittelbar vom Himmel kommt. Das berührt nicht nur die Nerven und die Sinnesorgane des Körpers, sondern auch die Seele. Auf welch kleiner Anhöhe man sich aufhalten mag, man ist mitten im Herzen von Athen und spürt, daß der Mensch eine echte und starke Beziehung zu den andern Welten des Lichtes hat.

HENRY MILLER, 1939
(Der Koloß von Maroussi)

Übertragung aus dem Amerikanischen von Carl Bach

Der Vollmond stand jetzt hoch am wolkenlosen Himmel. Wir schlenderten sorglos und gedankenlos an den Rand der hohen Zinnen der Burg und schauten hinunter – ein Traumbild! Und was für ein Traumbild! Athen im Mondlicht! Der Prophet, der dachte, es werde ihm die Herrlichkeit des Neuen Jerusalem enthüllt, hat sicherlich statt dessen dies gesehen! Es lag in der flachen Ebene gerade zu unseren Füßen – ausgebreitet wie auf einem Gemälde –, und wir blickten darauf wie von einem Ballon aus hinab. Wir sahen keine Spur einer Straße, aber jedes Haus, jedes Fenster, jede rankende Rebe, jeder Vorsprung hob sich so deutlich und scharf ab, als wäre es Mittag gewesen; doch es gab keinen grellen Schein, kein Glitzern, nichts Schroffes oder Abstoßendes – die lautlose Stadt war von dem weichsten Licht überflutet, das jemals vom Mond herabgeströmt war, und schien ein in friedlichen Schlummer gehülltes lebendiges Wesen zu sein. An der entgegengesetzten Seite stand ein kleiner Tempel, dessen feine Säulen und zierliche Fassade in einem satten Schimmer leuchteten, der das Auge wie mit Zauberkraft an sich fesselte; und näher zu unserem Standort reckte der Palast des Königs seine elfenbeinfarbenen Mauern aus der Mitte eines großen Gartens voller Buschwerk empor, der über und über mit einer Fülle bernsteinfarbener Lichter besät war – ein Gischt goldener Funken, die in der Herrlichkeit des Mondlichtes an Glanz verloren und auf dem Meer dunklen Laubwerks so sanft blinkten wie die bleichen Sterne der Milchstraße. Zu Häupten die erhabenen Säulen, majestätisch noch im Verfall, zu Füßen die träumende Stadt, in der Ferne das silberne Meer – nirgends auf der weiten Erde gibt es ein Bild, das nur halb so schön wäre!

MARK TWAIN, 1867
(Reise durch die Alte Welt)

Übertragung aus dem Amerikanischen von Ana Maria Brock

183 Athen: Blick vom Lykabettos auf den Hymettos. 1870 zählte die Stadt noch 48000 Einwohner; hundert Jahre später 800000, als Agglomerationsgebiet sogar über 2,5 Millionen.

184 Eine der Hauptverkehrsstraßen Athens. Das Verkehrschaos nimmt von Jahr zu Jahr zu und die Abgase der Automobile gefährden in Verbindung mit Heiz- und Industrierückständen in der Luft die antiken Bauten.

185 Straßenszene in Korfu-Stadt.

186 Industrieanlagen vom antiken Kerameikosfriedhof in Athen aus.

187 *Athens Tower* in der City von Athen. Die überragende politische, kulturelle und wirtschaftliche Bedeutung der Stadt für Griechenland hat, wie in den meisten Metropolen der Welt, auch in der Bauweise ihren Ausdruck gefunden.

188 Esel und Motorrad – Tradition und Gegenwart – nebeneinander.

190 Industrieanlagen in Athen. Die Industrialisierung macht zwar Fortschritte, konzentriert sich jedoch auf das Gebiet um die Hauptstadt.

191 Osterlammbraten in einer Gasse Athens.

192 Junges Wirtepaar in Thera. Abgesehen vom Tourismus, der sich allerdings auf wenige Zentren wie Santorin, Mykonos, Rhodos usw. konzentriert, sind die Erwerbsmöglichkeiten auf den griechischen Inseln beschränkt. Viele junge Leute wandern daher in die Städte ab oder gehen als Gastarbeiter nach Mitteleuropa.

193 Junge Griechin in einem Straßencafé in Athen.

194 Steinmetz bei einer Zigarettenpause.

195 Oben links: Fleischverkäufer in der Markthalle von Athen.

Oben rechts: Souvenirphotograph in Delphi.

Unten links: Maisverkäufer in Athen.

Unten rechts: Schuhputzer auf dem Monastirakiplatz in Athen.

196 Touristengruppe vor der Hermesstatue im Museum von Olympia.

197 «Antikes» für jeden Geldbeutel am Fuß der Akropolis.

198 Rast beim Lysikrates-Denkmal in Athen.

DIE NEUE ZEIT

ΝΕΩΤΕΡ
Zyma
1917

ΝΕΟΠΑΛ
ΒΙΒΕΧΡΩΜ
Χρωτέχ
ΚΟΥΡΕΙΟΝ

ΕΤΑΙΡΙΑ
ΝΕΑ
ΛΑΜΙΑΣ
ΜΕΤΑΦΟΡΙΚΗ
ΑΙΓΙΟΝ

SACHS

ΠΩΛΕΙΤΑΙ
ΣΠΟΡΕΛΑΙΟΝ

PEPSI

1

ΚΑΡΕ
ΜΟΣΧΟΣ
48 80

ATHINA
Φλόκος

ΙΑΡΘΕΝΩΝ
HENA
60.
ΠΛΑΤΩΝ
ΣΩΚΡΑ

DAS KLASSISCHE GRIECHENLAND

LICHTERLEBNISSTUFEN

Auf Griechenland sich vorbereiten, Griechenlands Gedächtnis richtig bewahren: mit welcher Sorgfalt geschah und welcher Umsicht bedurfte es, als die Reise dorthin noch eine abenteuerliche Unternehmung war! Man nahm auf die Fahrt womöglich Begleiter mit, unter ihnen einen Zeichner und Maler, es sei denn, daß der Reisende selbst ein Maler war.

Wie hatte sich Goethe gefreut, zu seiner «Hellasfahrt», die nicht über Großgriechenland, das heißt Süditalien und Sizilien hinausging, als Begleiter den Landschaftsmaler Kniep gefunden zu haben! Bis Neapel war es Tischbein, der ihm «sein treues Geleit durch Natur- und Kunstgegenstände förderlich geleistet». Und dabei zeichnete auch er selbst. Aber «die herrlichsten Umrisse» – so meldete er den Freunden nach dem Besuch in Pästum – konnten erst auf diese Weise, durch die fortwährende Beschäftigung flinkster Malerhände, gewonnen werden.

Das Zeitalter jener schön gezeichneten Umrisse und farbigen Kostümbilder war angebrochen, welche – um nur zwei Reisende dieses romantisch-aristokratischen Typs zu nennen – der ungarische Graf Széchenyi, als Arbeiten seines Zeichners, und der baltische Baron Magnus von Stackelberg, selbst Maler, nach Hause gebracht haben. Die Krönung bildeten die Rottmann-Landschaften. Aber wie hoch muß man die Verdienste auch der einfachsten Landschaftsumrisse, der treu festgehaltenen Berglinien, der klaren zeichnerischen Wiedergaben von Festland und Inseln schätzen, wenn man heute in großer Gemächlichkeit mit unglaublicher Schnelle da vorbeigleitet und der Begrenztheit der Macht der Kamera bewußt wird! Wie könnte die Linse auch dieses mit einfangen: die Ergriffenheit selbst der bescheidensten Hand im großen Ereignis des Erblickens?

Nur allmählich kommt man darauf, was in jenen Zeichnungen, ja in den besten Werken, die Landschaftsmalern über das Thema Griechenland je gelungen sind, uns heute unbefriedigt läßt. Umsonst sind wir gerade für jene atmosphärischen Elemente wieder empfänglich geworden, welche präromantische, romantische und noch spätromantische Bilder festzuhalten fähig waren. Der große Maler, der sich des griechischen Lichtes so bemächtigt hätte wie van Gogh des Lichtes der Provence, scheint noch nicht geboren worden zu sein. Die Vorbereitung auf das

Licht Griechenlands, das Weiterzittern einer mächtigen Lichtbegegnung, vermissen wir in den lieben Zeichnungen, den träumerischen Landschaftsmalereien, um von grellen, mißlungenen Versuchen nicht zu reden.

Vermissen wir aber dies nicht auch in den besten Reisebeschreibungen der älteren Zeit? Besinnen wir uns dessen, wie langsam sich die Lichtempfindung des europäischen Geistes in seinen besten literarischen Vertretern, die zur Aussage darüber fähig gewesen wären, entwickelt hatte: wie langsam die Erziehung zum Licht, die wesentlich zur Erziehung zum Griechentum gehört, vor sich gegangen ist! Heute wächst wohl die Zahl derer, die ihre Hellasfahrt in bewußter oder halbbewußter Lichtverliebtheit antreten, der Lichtwanderer. Umsonst suchen wir indessen eine einzige Bemerkung über die Lichtveränderung bei dem leidenschaftlich lichtverehrenden Verfasser der «Schriften zur Farbenlehre», als er an einem Septembertag 1786 den Brenner hinter sich ließ und bei heiterem Sonnenschein in Bozen ankam. Mit den Alpenpässen im Rücken erlebt doch der von Norden kommende Wanderer – erleben wenigstens wir, heutige Lichtbedürftigen – die erste Stufe der Lichteinweihung, die ihren Höhepunkt bei dem Überschreiten der Grenze Attikas, bei Eleusis oder bei dem Landen in einem der Häfen Athens erreicht.

Die attische Stufe beginnt dort, die griechische bereits in der Höhe von Korfu. Goethe mußte die attische Stufe, oder was ihr in Sizilien entsprach, erreichen, um der Lichtveränderung so bewußt zu werden, wie es dieses gesegneten Augenmenschen würdig war. Aus Palermo schreibt er am 3. April 1787: «Mit keinen Worten ist die dunstige Klarheit auszudrücken, die um die Küsten schwebte, als wir am schönsten Nachmittage gegen Palermo anfuhren. Die Reinheit der Konturen, die Weichheit des Ganzen, das Auseinanderweichen der Töne, die Harmonie von Himmel, Meer und Erde. Wer es gesehen hat, der hat es auf sein ganzes Leben. Nun verstehe ich erst die Claude Lorrains und habe Hoffnung, auch dereinst im Norden aus meiner Seele Schattenbilder dieser glücklichen Wohnung hervorzubringen. Wäre nun alles Kleinliche so rein daraus weggewaschen wie die Kleinheit der Strohdächer aus meinen Zeichenbegriffen...» Da erhielt er seine Lichttaufe, und es wurden ihm Verse möglich wie diese zum ebenda begonnenen Drama «Nausikaa»:

Ein weißer Glanz ruht über Land und Meer,
Und duftend schwebt der Äther ohne Wolken.

Der dänische Märchendichter, der feine, empfindsame Andersen, hatte die Korfu-Linie schon längst passiert – er verließ Neapel für Griechenland mit dem Umweg über Malta am 15. März 1841 auf dem französischen Kriegsdampfschiff «Leonidas», einem der ersten auf dem Mittelmeer

– als ihm das Erlebnis der Klarheit griechischen Lichtes zuteil ward. «Noch erblickten wir», erzählt er, «gleich einer weißen Pyramide im Nordwesten den Ätna, ringsum war nichts als nur das unendliche Meer zu sehen; aber gegen Mittag zeigte sich meinem Auge im Nordosten ein weißer Fleck, es konnte kein Schiff sein, dazu dehnte es sich zu weit aus, möglicherweise war es eine Wolke. Ich glaubte, es sei die griechische Küste...» Er befragt den Kapitän. Dieser zweifelt zuerst, doch muß er dann zugeben: der Schnee auf dem Vulkan in Sizilien und der Schnee auf den Bergen des Peloponnes machten es möglich, im Osten und im Westen zugleich Land zu erblicken.

Der Dichter triumphiert. Er hat aber kein Wort für dieses *Licht* übrig. Oder schien ihm dies überflüssig? Sollte die Schilderung der Szene mit dem zweifelnden Kapitän als Lob des griechischen Lichtes gelten? Es ist vielmehr zu befürchten, daß er die Beglückung seiner Augen nicht empfand. Er war innerlich anderswo, überflutet nicht von dem Licht, sondern von anderem: «Griechenland!» – ruft er aus. – «Vor mir sah ich also dieses große Vaterland des Geistes! Unter jenem Berge erstreckten sich Arkadiens schöne Täler! Tausend *Gedanken*» (man erlaube mir, daß ich dieses, die «Gedanken» als Rivalen des Lichtes, unterstreiche), «wie eine Schar Zugvögel, einer verschieden von dem andern, flogen nach diesem leuchtenden Berge...»

Im Frühjahr 1880 betrat der Wanderer Italiens, Gregorovius, die Pforte zu Griechenland in Korfu. Spät nachts kam er an. Die Begegnung mit dem griechischen Licht brachte ihm der folgende Tag: «Ich habe keinen genußreicheren Augenblick in Korfu gehabt als den ersten blendenden Blick am Morgen, da ich aus dem Gasthause auf die Esplanade trat. Der Eindruck war der eines über elysischen Küsten schwebenden Paradieses, einer weichen, duftigen, doch großstilisierten Idylle am Meer. Auf einer ‹Isola beata› glaubte ich in Wahrheit zu stehen und den Götterhauch der Seligkeit zu atmen. Vielleicht war es nur der Zauber der Dichtung Homers, was mir damals diese Inselgemälde schöner erscheinen ließ als selbst die Küsten Siziliens.»

Wir sind geneigt, ihm dies zu glauben. Das Überwiegen des heraufbeschworenen Bildungserlebnisses über das Lichterlebnis, dem unmittelbar nur das Wort «blendend» gewidmet wurde, ist offenbar. In Attika selbst halten das Sinnliche und das Gedankliche in seinem Erlebnis die Waage, obgleich er in der Schilderung Worte findet wie «duftig» – «duftend» bei Goethe –, in der Bedeutung der vom Licht stammenden, scheinbaren Benebelung, wunderbar dieses Charakteristische der griechischen Berge festhaltend: «Die Verbindung des tiefblauen, heiter glänzenden inselreichen Meeres und seiner duftigen Küsten mit dem goldbraunen Ton des felsig starrenden Landes vollendet die Schönheit dieses Naturgemäldes, indem es zugleich der Phantasie die Fernen der Mythe und der Geschichte erschließt...»

Oder man lese den Vergleich Athens mit Rom. Er geht vom sinnlichen Erlebnis aus, um wieder nur in das Lob der hervorgerufenen Gedanken zu münden: «Alle Linien und Formen in der Landschaft Athens sind geistiger, feiner, durchsichtiger und verklärter als die der Ebene

Roms, aber sie sind kleiner und begrenzter. Der Äther, der sie umfließt, ist göttlicher und lichter, und der Gedankenstrom, der sie durchdringt, ist mit nichts auf Erden vergleichbar. Denn wie muß ein von Natur schön und anmutsvoll gestaltetes Land die Seele des Betrachters ergreifen, wenn sein strahlender Himmel erfüllt ist mit den Göttergestalten der hellenischen Dichtung und seine geweihte Erde mit der edelsten Blüte des geschichtlichen Menschengeschlechts.»

Mehr als zwanzig Jahre mußten wieder vergehen, bis Gerhart Hauptmann, nicht weniger homerfest als Gregorovius, in Korfu 1907 seine Begegnung mit dem griechischen Licht beschrieb: «Wie ich heute morgen das Fenster öffne, ist die Sonne am wolkenlosen Himmel längst aufgegangen. Ich bemerke, daß alles in einem fast weißen Lichte unter mir liegt: die Straßen und die Dächer der Stadt, der Himmel, die Landschaft mit ihren Wiesen, Olivenwäldern und fernen Bergen. Als ich aus dem Hotel trete, muß ich die Augen schließen, und lange, während ich durch den nördlichen Stadtteil Korfus hinauswandere, suche ich den Weg blinzelnd.» Da hat der sinnliche Eindruck seine Selbständigkeit erlangt mit dem Bildungsmäßigen, das im Dichter gleichfalls da ist und ihm Zitate aus der Odyssee und aus Goethes Nausikaa entlockt, nicht vermischt: eine etwas massive, fast schwerfällige Selbständigkeit, einer bestimmten Stufe der Wirklichkeitserfahrung entsprechend.

Umsonst liest man das Tagebuch Gustave Flauberts von seiner Hellasreise, diese in ihrer strahlenden Strenge und Wärme des griechischen Lichtes würdigen Aufzeichnungen, wenn man eine Schilderung jenes Lichtes selbst sucht. Flaubert war im Winter 1850/51 in Griechenland. Maurice Barrès' Reise nach Sparta fiel hingegen zwischen die Jahre 1900 und 1905. Im elften Kapitel schildert er das Licht, massiver noch als Gerhart Hauptmann: «Das Hauptmotiv in Griechenland ist immer das Licht. Wer das nicht gesehen hat, an diesem Morgen die Saronische Bucht, der weiß es nicht, was ein Feld von Mohnblumen sein kann. Heiteres Purpur, wie die klaffenden Wunden eines Helden. Etwas weiter, siehe da, goldene Tischtücher! Man genießt die Blumen doch am besten, wenn sie massenhaft da sind. Das Licht läßt die Berge funkeln und das Wasser wie Opal erscheinen. Frische Silbergüsse im Blau des Meeres! Ist es Freude, die wir empfinden? Wir erlangen unser Gleichgewicht. Ängste, Qualen, Schwärmerei haben ihren Ort in der Nacht, das Licht verscheucht sie und beruhigt uns.»

Es ist noch nicht jene innige Wiedervermählung des Sinnlichen mit dem Geistigen im Erlebnis des griechischen Lichtes, für die ein lebender Zeitgenosse angeführt sei, ein Zeuge der mit Hugo von Hofmannsthal erreichten Stufe der Offenheit und Empfänglichkeit. Von Hofmannsthal muß noch besonders die Rede sein: Carl J. Burckhardt durchkreuzte, fünfzehn Jahre später als Gerhart Hauptmann, nach dem Ersten Weltkrieg den gleichen Lichtraum von der anderen Seite her, auf seiner Reise nach Kleinasien. «Große traumhafte Helle umfing uns zum erstenmal, als wir Stambul verließen» – so schreibt er – «und vorüber den Prinzeninseln in das hinströmende Marmarameer hinausfuhren. Schon zeichneten sich die Gebirge des Ufers in jener gedankenvollen Weise, die, anklingend an die Fiber des antiken Gefühls, durch dieses Erbteil des Herzens uns zu ahnungsreicher Stille und Ehrfurcht erhebt. So fuhren wir, und es war, als sollte diese heute wie jemals ungebrochene Sprache geheimnisvoller Ferne mir vieles aussagen über verworrene Fügungen, über Kommendes und Notwendiges.»

Man denke an Andersen zurück: ihn berührte die «große traumhafte Helle», das Medium selbst, durch das er sah, noch nicht. Das Heutige erscheint 1953 in einem Essay «Von der Macht der griechischen Landschaft», dessen Verfasser in Hellas heimisch zu sein scheint: «Oh, dieses Licht! Dies Licht, das sich auf Athen legt oder auf die Ebene von Itea, die dem Berghang von Delphi zu Füßen liegt – es dringt in alles ein, durchdringt es, legt unbarmherzig die verborgensten Wahrheitsfalten bloß und duldet keine Lüge, die sich nun in unterirdische Schächte vergraben muß – und das Wunder geschieht, daß Wahrheit und Wirklichkeit zusammenfallen. Das aber ist nicht lange zu ertragen. Gut, daß die Nacht wiederkehrt...»

SPHÄRE DER WISSENSCHAFT

Es wäre keine große Übertreibung, zu sagen: wie Ägypten ein Geschenk des Nils ist – war und bleibt –, so Griechenland des Lichtes. Wem dieses Land je zu beglückendem Erlebnis wurde, zu etwas mehr als Wissensstoff und Stoff zu einer Erziehung, welche die Erziehung der Sinne nicht mit inbegriff – zu eben dem, das den Namen Göttergeschenk verdient, der verdankt dieses Geschenk mittelbar oder unmittelbar auch dem Licht, ob er sich dessen bewußt geworden ist oder nicht. Die Geschichte des Lichterlebnisses, wenn man sie schreiben wollte, müßte sogar in den Bereich der Wissenschaft verfolgt werden.

«Wer einmal Griechenland gesehen hat, trägt in seinem Herzen die Erinnerung an ein Lichtwunder. Keine Strahlenglut, vor der man die Augen abwenden muß, kein brennendes Farbenspiel, sondern leuchtende Helligkeit überall, die Nähe von der feinsten Klarheit umflossen, und noch die fernste Ferne deutlich» – mit diesen Sätzen nimmt der Verfasser des klassischen Werkes über die Götter Griechenlands, Walter F. Otto, die Schilderung Apollons wieder auf, nachdem ihm dessen Sonnenlicht-Aspekt und Sonnengott-Würde auf einer Hellasfahrt in aller Klarheit erschien. Und er greift damit in der Sphäre der Wissenschaft über die erreichte Lichterlebnisstufe unserer Jahre nicht einmal hinaus! Seine Reise fiel ins Jahr 1929, die Veröffentlichung der neuen Apollon-Studie war 1949.

Ein meisterhaftes Vorausgreifen war es etwa, wenn der französische Hellenist Jules Girard, der die Jahre 1848 bis 1851 in Athen verbrachte, die Erinnerung an die besondere Qualität des Lichtes von Attika, der Landschaft von Athen, in seine Studie über die attische Beredsamkeit aufnahm. «Der Glanz der attischen Beredsamkeit» – so lesen wir da – «er ist das Sonnenlicht von

Athen selbst in den schönen Stunden, welche die ersten und die letzten Sonnenstrahlen beleuchten: nichts Glänzenderes gibt es, aber auch nichts, was milder wäre. Es ist ein mächtiges Leuchten, welches alles erreicht und durchdringt, ohne an etwas zu stoßen oder Widerstand zu dulden. Die Sonne Athens überflutet in jenen Stunden die Gegenstände mit ihrem Licht; sie umspült aber so weich die Umrisse, wie sich die blauen Fluten der Bucht an der Küste von Phaliron mild vereinigen. Alles ist in jenen Stunden leuchtend und durchsichtig, alles bis zu den Schatten der Berge; doch alles hat auch seinen Farbenwert: die Flächen zeichnen sich genau ab, alle Formen sind präzis und klar, ein jeder Gegenstand offenbart uns alle seine Einzelheiten, zeigt die Schattierung, die ihm eigen ist, von der glanzvollsten Farbe an bis zur flüchtigsten Tönung, und aus all dem ergibt sich ein Ganzes mit richtigen Verhältnissen.»

Dieser besonderen Lichtqualität waren sich die alten Bewohner des Landes selber bewußt. «Durch leuchtendsten Himmelsglanz waren sie ziervoll immerdar» – so singt ein Chor des Euripides von den Athenern, und der Redner Ailios Aristeides, der wie Ausländer in der Zeit Kaiser Hadrians Athen besucht, weiß mit schwärmerischen Worten darüber zu berichten, wie das Licht reichlicher als sonst seine Augen füllt, indem er sich, gleichsam auf dem Weg einer Einweihung, der attischen Küste naht. Er kommt da an in «traumhaftem Glücksgefühl...»

Es ist auch in der Reisebeschreibung eines Philologen am Anfang unseres Jahrhunderts zu beobachten, wie sich die Augen in Athen für das Licht auftun. Auf der Eisenbahnfahrt über den Isthmus von Korinth ist er noch der schrecklichsten Vereinfachung fähig: «Farbenglanz und Öde!», ruft er aus. «Wie fremd und neu ist alles! Die griechische Flagge zeigt bekanntlich nur die zwei Farben Blau und Weiß; diese Farbenzweiheit beherrscht hier die Natur; blau Himmel und Meer, fahlweiß die Küsten und die Häuser, das Vieh und selbst die Menschenkleidung; ein Weiß, das freilich auch goldigen Ton annimmt.» Dann steht er aber in der Mittagsstunde auf der Akropolis: «Das Licht scheint hier zu duften; man meint den Ton der Farben in der Stille zu hören. Das ist süßer Wahnsinn des Orients. Aller Marmor glimmt weißgolden, von Licht triefend. Die Luft spiegelt sich im Stein. Die Helligkeit frißt gierig alle Schatten. Alles im Vollglanz, hitzedurchströmt. Kamillenduft umwogt uns die Stirne.» Es war im März. Und der Philologe empfindet da Fremdartiges: Orient.

Gerhart Hauptmanns Empfinden war anders: «Ich wüßte nicht, wozu der wahrhaft europäische Geist eine stärkere Liebe fühlen sollte als zum Attischen» – war da sein erster Gedanke. Und sein Lobgesang auf den Geist und die Luft von Attika – beide leicht und rein und durchsichtig – ist zugleich ein Lobgesang auf die Göttin Athene, im Tiefsten übereinstimmend mit Renans «Gebet auf der Akropolis». Seine Meditationen schlugen am gleichen Ort immerhin in die Richtung um, in welcher die Gefahr der Übertreibung damals auch im Bereich der Wissenschaft drohte: «Ich habe das schwächliche Griechisieren, die blutlose Liebe zu einem blutlosen Griechentum niemals lieben mögen.» (Auf eine seltsam prosaische Art wollte die Wissenschaft dem Griechentum ‹Blut zuführen›.) «Deshalb schreckt es mich auch nicht ab, mir die dorischen Tempel bunt und in einer für manche Begriffe barbarischen Weise bemalt zu denken. Ja, mit einer gewissen Schadenfreude gönne ich das den Zärtlingen. Ich nehme an, es gab dem architektonischen Eindruck eine wilde Beimischung, Möglicherweise drückte das Grelle des farbigen Überzugs den naiven Stand der Beziehungen zwischen Göttern und Menschen aus, indem er fast marktschreierisch zu festlichen Freuden und damit zu tiefer Verehrung einfing.»

HUGO VON HOFMANNSTHAL

Die große und umfassende altertumswissenschaftliche Aufgabe ist Zurückführung; Zurückführung des körperlosen Wissens und unseres theoretischen Denkens, das wir von den Griechen geerbt haben, zu den unmittelbar geschauten Wirklichkeiten des antiken Daseins. Zu diesen gehören, nicht einmal überliefert, sondern unverändert erhalten, das Licht und die Farben Griechenlands. Wenn die «sinnliche Überlieferung» – jedes schau- und tastbare Stück aus der Antike – schon zuverlässigere Tradition ist, als die «unsinnliche», weitergedachte und im Denken unwillkürlich verfälschte, wie viel mehr noch das Element selbst, das auch heute noch da ist und von den Schöpfungen des griechischen Geistes nicht wegzudenken ist. Unsere Ausdrucksweise – die natürlichste, wodurch wir das Mehr sowohl des Künstlerischen wie auch des Denkerischen bezeichnen – ist in diesem Fall «Geist». Auf griechisch wäre sie: die Gegenwart des Gottes, dessen Wesen sich im Licht ausdrückt, Apollons.

Für die Wissenschaft entdeckt wird indessen nur das, wofür die Formel, für eine humane Wissenschaft, wie die Altertumswissenschaft ist, wofür das Wort gefunden wird. Hofmannsthal kommt daher die entscheidende Stelle nicht nur im allgemeineren Vorgang jener Erweiterung zu, die hier durch eine Reihe von Zeugnissen geschildert wurde, der Erweiterung der Augen und damit auch des Geistes für das *Lichtland Hellas:* seine Lichtschilderung gehört in jede künftige Einführung in das Studium der Antike. Griechenland besuchte er im Frühjahr 1908 und traf da – dank dem hermetischen Mäzenatentum von Harry Graf Keßler – den französischen Bildhauer Aristide Maillol. Auf den gemeinsamen Wanderungen der drei außerordentlichen Männer gab es Gelegenheit genug, um sein Lichtempfinden mit dem des Südfranzosen zu vergleichen und es sich bewußt zu machen. Ihm war es noch «fremdes Licht» – aber er erwähnte es sogleich in einem Brief! –, wo Maillol das Heimatliche empfand. Und so ist von den beiden Hofmannsthal der Entdecker geworden.

Es sind erstaunliche Reisebilder, die «Augenblicke in Griechenland», die das Denkmal jener Entdeckerzeit bilden, in einem unerhörten letzten Stück kulminierend. Hauptmanns Hellaserlebnis war aber damals das zeitgemäße. Landschaft, Licht und Farben wurden wohl in ihrer Konkretheit erfaßt, doch ohne die Transparenz bis in das umfassende Wesen des Griechentums hinein, wohin – und dadurch auch in die erst noch kommenden Fassungsmöglichkeiten – Hofmannsthals Blick reichte. 1923 erschien das Tafelwerk von Hanns Holdt: «Griechenland», mit der unübertrefflichen Vorrede von Hofmannsthal. Auf das erste der erwähnten Reisebilder, «Das Kloster des heiligen Lukas», blickt er da wie aus der Ferne zurück, auf «jene noch dem zarten Erlebnis nahe Beschreibung». Mit welcher Gegenwärtigkeit und Gültigkeit mußten Landschaft und Licht Griechenlands in ihm weitergelebt haben, wenn er nun Worte für sie findet wie die folgenden – in der Distanz einer Weltumwälzung von Gregorovius entfernt!

«Der erste Eindruck dieser Landschaft, von wo man sie betrete, ist ein strenger. Sie lehnt alle Träumereien ab, auch die historischen. Sie ist trocken, karg, ausdrucksvoll und befremdend wie ein furchtbar abgemagertes Gesicht: aber darüber ist ein Licht, desgleichen das Auge nie zuvor erblickt hat und in dem es sich beseligt, als erwache es heute erst zum Sinn des Sehens. Dieses Licht ist unsäglich scharf und mild zugleich. Es bringt die feinste Einzelheit mit einer Deutlichkeit heran, einer sanften Deutlichkeit, die einem das Herz höher schlagen macht, und es umgibt das Nächste – ich kann es nur paradox sagen – mit einer verklärenden Verschleierung. Es ist mit nichts zu vergleichen als mit Geist. In einem wunderbaren Intellekt müßten die Dinge so liegen, so wach und so besänftigt, so gesondert und so verbunden – wodurch verbunden? Nicht durch Stimmung, nichts ist hier ferner als dies schwimmende, sinnlich-seelische Traumelement – nein – durch den Geist selbst.» Es handelt sich da nicht um ein mehr oder weniger fahles oder grelles Griechentum, sondern um das Einzigartige jenes Lichtes, in dem als in seinem eigensten Element nur das Griechentum erscheinen konnte – einzigartig, wie es war.

TRAGISCHES MISSVERHÄLTNIS

Hofmannsthals Vorrede leitete, wie gesagt, ein Tafelwerk ein, eine damals noch seltene, bedeutende Sammlung von grauphotographierten Landschaften in brauner Wiedergabe. Sie diente zur Vorbereitung meiner ersten griechischen Reise und sie sollte die Erinnerung daran bewahren, samt den eigenen, weniger guten, aber mir lieben, nicht allbekannten Aufnahmen. Die inhärente Tragik solchen vermeintlichen Dienstes an das Gedächtnis darf nicht verschwiegen werden: das farblose, inhaltlich wohlbefestigte, mit dem Wissen vom Gegenstand identifizierbare Abbild schiebt sich so leicht an die Stelle jenes leuchtenden und ewig zarten Erinnerungsbildes, das die Seele bewahrt hat, und löscht es so leicht aus!

Es lag ein tragisches Mißverhältnis zwischen jener immer leuchtender werdenden Vorrede und den Bildern, die – nach der Reise in Griechenland – lieber nicht mehr anzuschauen waren. Nehme ich das Buch wieder in die Hand, so ruft es mir meine eigene Vorgriechenland-Zeit in die Erinnerung, die Zeit des abstrakten, erwartungsvollen Wissens. Wollte ich an mein Griechenland gemahnt werden, so griff ich bald nur nach den Arbeiten der alten Zeichner, die sich – ob vermöge des Selbstseins der Kunstwerke oder der Vorläufigkeit der Annäherungen – *neben* das Abbild im Gedächtnis stellen, die es nicht stören, nicht zu verdrängen drohen.

Die Bedrohung hinter dem Vorwand der Bewahrung wird eher gesteigert, wenn die außerordentliche Quantität des Lichtes, sein blendendes Spiel mit dem grauen Schatten durch das Können des Photographen und seines Apparates immer erstaunlicher wird. Auch ohne die Vorrede eines Hofmannsthal bleibt es tragisch: ein tragisches Mißverständnis. Ich bewundere die Leistung – und da begegnet mir plötzlich, auf dem weiß leuchtenden Blatt *schwarzgrau,* das allein dagebliebene herrliche Marmortor auf dem Inselchen vor Naxos, wo in meiner Aufzeichnung – und Erinnerung – «dieser schönste Rahmen aller blauen Meere und Himmelfernen fast *unsichtbar* steht (so *blaßrot* ist sein Fleisch)»!

Es geht da sicher nicht bloß um persönliche Enttäuschungen, sondern um eine viel allgemeinere Täuschung. Welche Verdienste das Grauphotographieren auch habe, wie stark es auch im wachsenden Strom des Lichtbedürfnisses unserer Jahre geworden sei: der *Erziehung* zum Licht auf der Stufe, wo sie Erziehung ist zum Griechischen in Griechenland und in unserer das Wahre wollenden und bewahrenden Seele, dieser Erziehung scheint es eher entgegenzuwirken. Es schlägt den Weg der Abstraktion ein, der Quantität, während es hier auf die Qualität des Lichtes ankommt, auf eine Einzigartigkeit. Es bleibt nichts anderes übrig, als aus den «Schriften zur Farbenlehre» zu lernen, von dem mit seiner Licht- und Sein-Verehrung so weit hinaus über die eigene Zeit vorgreifenden Goethe.

«Vergebens bemühen wir uns, den Charakter eines Menschen zu schildern» – so steht es da, gleich am Anfang –, «man stelle dagegen seine Handlungen, seine Taten zusammen, ein Bild des Charakters wird uns entgegentreten. Die Farben sind Taten des Lichts, Taten und Leiden. In diesem Sinne können wir von denselben Aufschlüsse über das Licht erwarten. Farben und Licht stehen zwar untereinander in dem genausten Verhältnis, aber wir müssen uns beide als der ganzen Natur angehörig denken: denn sie ist es ganz, die sich dadurch dem Sinne des Auges besonders offenbaren will.» Der Nachdruck liegt auf dem Wort «ganz»: in den *einen* Sinn – des Auges, aber es könnte auch das Ohr sein – dringt immer das *Ganze*. Weiß-Grau-Schwarz könnte aber nie das Ganze sein, wo doch nicht einmal Schatten farblos sind. Daraus haben wir die Konsequenzen zu ziehen.

DIE BEFREIENDE AUSSCHALTUNG

Es ist eine vor hohe Ansprüche gestellte Bemühung, der die Kamera mit ihrer neuen Möglichkeit der farbigen Aufnahmen Hilfe leisten soll! Sie tut dies in der Hand dessen, der an die Stelle des von Hellas ergriffenen, treuen Landschaftsmalers getreten ist. Seine Ergriffenheit kann sie nicht wiedergeben. Und sie verbleibt ebenso noch in der Vorläufigkeit der Annäherungen wie vereinfachende Farbenskizzen: eine Vorläufigkeit, wofür wir dem Meister, der an den Wiedergaben mit seinem Farbengedächtnis weiterzuarbeiten hatte, dankbar sind. Man vergißt ihn nicht, wenn man auch der Macht der Kamera eine kurze Betrachtung widmet. Liegt in ihr doch etwas, das unserer Lichtempfänglichkeit und – was deren andere Erscheinungsform ist – unserem Lichtdurst entsprechen könnte.

Nur an das Elementarste sei erinnert, was die Linse an der Glaswand des allereinfachsten Apparates bewirkt. Wer hat darüber noch keine Beglückung empfunden, über dieses Abbild eines zufälligen Ausschnittes der sichtbaren Welt? Denn es ist vollkommen gleich, welcher Ausschnitt es sei. Der menschliche Faktor des Photographierens, der Gesichtspunkt dessen, der da auswählt, spielt bei diesem Phänomen keine Rolle. Wir sind da all dem gegenübergestellt – Hell, Dunkel und Farbe, aus welchen dreien das Auge die Welt, mit Goethe zu sprechen, erbaut –, all dem, was für uns der unmenschliche, nicht wie ein Mensch wählende, Apparat aufgefangen hat. Warum sind wir beglückt? Oder warum läßt sich der Umstand, daß es sich da doch nur um einen Ausschnitt handelt, nicht unser Glück beschränkend fühlen? Ist gewissermaßen doch immer das Ganze da, wenn nicht *wir* gewählt haben?

Es scheint ein ähnliches Phänomen zu sein wie jenes, von dem Aldous Huxley berichtet, gleichfalls von einer künstlichen Situation aus, in seinem Büchlein «The Doors of Perception». Die Worte, die er dem Mystiker William Blake entnimmt und seinem Bericht vorausschickt, scheinen auch bei unserem Phänomen zu Recht zu bestehen:

If the doors of perception were cleansed,
every thing will appear to man as it is, infinite.
Sind die Pforten der Wahrnehmung gereinigt,
So erscheint jedes Ding dem Menschen, wie es ist, unendlich.

Durch die Kamera wurden, so will es scheinen, die Pforten der Wahrnehmung gereinigt, nicht so vollkommen wie durch die chemische Methode, die Huxley an sich selbst anwenden ließ, indem er Mescalin nahm, aber auf Grund des gleichen Prinzips.

Der nach seinen eigenen Gesichtspunkten wählende Mensch wurde da chemisch, wie hier optisch, ausgeschaltet: der Mensch mit seinen Absichten, seinem fortwährenden Gerichtetsein auf Ziele, das er mit den Tieren gemeinsam hat. Ein sympathisches Beispiel ist wenigstens die Biene, ein großes Zeugnis für Huxley. Von der Bedingtheit durch Ziele befreit, erlebte er vor allem Farben: nicht farbige Visionen, sondern die Farben von Dingen, von konkreten Blumen, wie nie zuvor, während die Bienen doch, so ließ er sich durch eine Autorität belehren, nur sehr wenige Farben zu erkennen vermögen, nur diejenigen, nach denen sie sich, ihrem Ziel gemäß, zu richten haben. Was sich ihm durch glühende Farben gemeldet hatte, war eine intensivere Erlebnisstufe überhaupt, eine Stufe, die ihm den Ausruf verständlich machte: «Alles lieber als den brennenden Glanz der ungemilderten Wirklichkeit – alles!»

Das Wort, das ihm in diesem Zustand einfällt, zur Bezeichnung jener Eigenschaft der Dinge, die er vornehmlich erfährt, ist ein künstliches deutsches Wort: *Istigkeit*, ein Wort von Meister Eckhardt, dem Mystiker, womit aber die absolute Diesseitigkeit, das Gegenteil des Visionären, betont werden soll. Ausdrücke kommen ihm, wie: «das Wunder, von Augenblick zu Augenblick, der nackten Existenz», «Blumen, leuchtend mit ihrem eigenen, inneren Licht, fast bebend unter dem Druck der Bedeutung, die sie in sich trugen» – der Bedeutung, die weder mehr noch weniger ist, als daß sie, Rose, Iris, Nelke, «sind» – das «pure Sein». Es war etwas höchst Paradoxes, diese Erfahrung: der seine Richtung wählende und dadurch seine Aufnahmefähigkeit beschränkende Mensch wurde ausgeschaltet und eine hohe menschliche Möglichkeit somit verwirklicht: die Annäherung an die uneingeschränkte Spiegelung des Seins. Damit ist Beglückung verbunden, die selbst durch die Worte des Philosophen dringt, wenn er eben dieses Menschliche meint: «Einzig der Mensch unter allen Seienden erfährt, angerufen von der Stimme des Seins, das Wunder aller Wunder: *Daß* Seiendes *ist*.»

Wir brauchen keinen Dichter in Mescalinrausch, dessen Zustand den Seinsphilosophen bestätigt, indem beide gemeinsam den Drang nach dieser Erlebnisstufe bezeugen! Es genügt eine Briefstelle von einem anderen, um zu verstehen, worum es sich da handelt: « Es müßte nur unser Auge eine Spur schauender, unser Ohr empfangender sein, der Geschmack einer Frucht müßte uns vollständiger eingehen, wir müßten mehr Geruch aushalten, und im Berühren und Angerührtsein geistesgegenwärtiger und weniger vergeßlich sein –: um sofort aus unseren nächsten Erfahrungen Tröstungen aufzunehmen, die überzeugender, überwiegender, wahrer wären als alles Leid, das uns je erschüttern kann.» (Rilke an die Fürstin Maria von Thurn und Taxis-Hohenlohe, 6.9.1915.)

Wir erkennen, was sich steigernde Lichtempfindlichkeit und -empfänglichkeit, was die wachsenden Lichtansprüche eigentlich sind: ein unwiderstehlich ziehender Weg in der Richtung der Offenheit und Empfänglichkeit, der vollkommenen Spiegelung überhaupt. Nach dieser Richtung ist ein kleiner Wegweiser die Spiegelung durch die Kamera, wenn sie voll bleibt – Hell, Dunkel und Farbe –, wenn gerade dieses letzte Bestandteil, das Blühende davon, nicht verlorengeht, nicht ausgelöscht wird. Der Maler vermag, so versichert uns Goethe, aus jenen dreien auf der Tafel eine weit vollkommner sichtbare Welt, als die wirkliche ist, hervorzubringen. Es wurde aber vielleicht offenbar, warum uns lieb ist, daß nicht ein Künstler allein, sondern auch die Macht der Kamera an einem Buch über Griechenland mitwirkt, wie es hier versucht wurde. Uns geht es um das Wirkliche, das Konkrete, das Ganze, das wie in dem nicht gewählten, so auch im gewählten ‹Ausschnitt› da ist, übermenschlich, beglückend.

HÖLDERLIN

Die innere Annäherung Hölderlins an Griechenland und seine Götter hatte den gleichen Weg eingeschlagen: den einer immer leuchtender und glühender werdenden Erfahrung des Seins.

Das sinnfällige Griechenland kam nur durch Reisebeschreibungen zu ihm, dem äußerst Empfänglichen, der Süden auch durch Erzählungen des alten Italienwanderers Heinse. Eine Schilderung des griechischen Winters las er in Richard Chandlers «Reisen in Kleinasien». Aus Smyrna berichtete darüber der englische Reisende: «Der Regen erneuert das Grün, das im Dezember schöner war, als ich es jemals gesehen. Ringelblumen und Anemonen schossen von selbst und in großer Menge zwischen dem Rasen unter Ölbäumen auf. Ganze Gebüsche von Myrten in Blüte schmückten das ungebaute Land, und in den Gärten schimmerte die goldne Frucht zwischen den tiefgrünen Blättern der Orangenbäume hervor.» Heinses Roman, der «Ardinghello», vermittelte ähnliche Eindrücke, die uns die Sorrentinische Halbinsel unaufhörlich einprägt: «Ein Gartenwald von Öl-, Pomeranzen-, Zitronen- und Fruchtbäumen», und verklärte den griechischen Archipel zu «glückseligen Inselns». Wie wird das aber, nach den feinen Tönungen des «Hyperion», durch eine ganze Reihe von Gedichten bei Hölderlin immer leuchtender und leuchtender bis zum duft- und farbenschweren letzten Bild der dichterischen Reise im Neckar-Gedicht:

Noch dünkt die Welt mir schön, und das Aug entflieht
Verlangend nach den Reizen der Erde mir,
Zum Goldnen Paktol, zu Smyrnas
Ufer, zu Ilions Wald. Auch möcht' ich

Bei Sunium oft landen, den stummen Pfad
Nach deinen Säulen fragen, Olympion!
Noch eh der Sturmwind und das Alter
Hin in den Schutt der Athenertempel

Um ihrer Gottesbilder auch dich begräbt,
Denn lang schon einsam stehst du, o Stolz der Welt,
Die nicht mehr ist. Und o ihr schönen
Inseln Ioniens! wo die Meerluft

Die heißen Ufer kühlt und den Lorbeerwald
Durchsäuselt, wenn die Sonne den Weinstock wärmt,
Ach! wo ein goldner Herbst dem armen
Volk in Gesänge die Seufzer wandelt,

Wenn sein Granatbaum reift, wenn aus grüner Nacht
Die Pomeranze blinkt, und der Mastyxbaum
Von Harze träuft und Pauk und Zymbel
Zum labyrinthischen Tanze klingen.

Den Tanz, die «Romika» – das heißt die «Griechische» – genannt, hat er aus dem «Voyage pittoresque de la Grèce» des Grafen Choiseul-Gouffier. Ein Vers, wie «Die grüne Nacht belaubter Bäume», mag ihm aus der Barockdichtung zugeflogen sein: seine Dichtung selbst wächst immer glühenderen Farben entgegen, von innen her, als Aussage des Seins. Auch die «grüne Nacht» ist bei Hölderlin ‹gewachsen›, vorbereitet durch dämmerndes Grün –

Was dämmert um mich, Erde! dein freundlich Grün? –

und bildet bis in die letzten hymnischen Entwürfe den Hintergrund zu Farben, wie «Goldrot», in einer Atmosphäre von Düften, wo

Bis zu Schmerzen aber der Nase steigt
Zitronengeruch auf und das Öl, aus der Provence...

Worte werden da nötig, wie «blühendduftend», zum «dunkeln Licht» wird der Wein:

Es reiche aber
Des dunkeln Lichtes voll,
Mir einer den duftenden Becher
Damit ich ruhen möge...

Die Sonne Südfrankreichs, die große Lichtbegegnung, die der Lichtempfindlichkeit Hölderlins wie ein Schlag Apollons war, brachte einen inneren Vorgang zur letzten Reife. Das Traubenschicksal wurde immer wieder zum Gleichnis des eigenen:

Wenn über dem Weinberg es flammt
Und schwarz wie Kohlen
Aussieht um die Zeit
Des Herbstes der Weinberg, weil
Die Röhren des Lebens feuriger atmen
In den Schatten des Weinstocks.

Fortsetzung Seite 245

Da sangen im Takt
kretische Mädchen ihren
verschlungenen Tanz
um den Altar. Sie gingen
gelindesten Schritts
über die zarten Blumen.

SAPPHO VON MYTILENE
(um 600 v.Chr.)

Deutsche Fassung von Manfred Hausmann

215 Steinhörner als Symbole des Stierkults im minoischen Knossos auf Kreta.

216 Palastanlagen in Phaistos, Kreta; ein erster Bau soll um 2000 v.Chr. errichtet worden sein. Wie die anderen Stätten der minoischen Hochkultur wurden die Paläste um 1400 v.Chr. durch eine Naturkatastrophe zerstört, vermutlich im Zusammenhang mit der Vulkanexplosion von Santorin.

218 Minoische Göttin, aus dem Heiligtum von Gazi, Terrakotta, 52,5 cm hoch, Archäologisches Museum, Iraklion.

221 Tholos von Delphi, Rundbau aus dem 4. Jahrhundert v.Chr., dessen Bestimmung bis heute nicht genau bekannt ist.

223 Theater und Apollontempel von Delphi, der berühmten Orakelstätte. Hier maßen sich Dichter und Philosophen im geistigen Wettstreit.

224 Stadion von Delphi, Schauplatz sportlicher Wettkämpfe.

225 Der Wagenlenker, um 475 v.Chr., Museum Delphi.

226 Goldmaske aus Mykene. Diese früher König Agamemnon zugeschriebene Maske stammt aus dem 16. Jahrhundert v.Chr. und befindet sich heute im Nationalmuseum in Athen.

227 Königsburg von Mykene aus dem 14. Jahrhundert v.Chr. mit dem bekannten Löwentor.

228 Götter im Kampf mit den Giganten – Fries vom Schatzhaus der Syphnier, Museum Delphi.

231 Bronzestatue des Poseidon, um 440 v.Chr., Nationalmuseum, Athen.

232 Poseidontempel auf Kap Sunion, der Südspitze Attikas.

233 Säulen in Philippi, Thrakien.

234 Einer der archaischen Löwen aus dem 7. Jahrhundert v.Chr. auf der Kykladeninsel Delos.

235 Säulenreste auf Delos. Die Insel war im Altertum der religiöse und während längerer Zeit auch wirtschaftliche Mittelpunkt der Ägäis.

236 Säulen der Agora von Philippi. Die Stadt ist nach König Philipp von Makedonien benannt; hier besiegte Oktavian, der spätere römische Kaiser Augustus, die Cäsarmörder, und hier predigte der Apostel Paulus.

237 Kopf der Göttin Hera aus dem späten 5. Jahrhundert v.Chr., Nationalmuseum, Athen.

238 Der heilige Hain von Olympia. Ursprünglich eine Kultstätte des Zeus und der Hera, wurde die Stätte vom 8. Jahrhundert v.Chr. an zum zentralen Treffpunkt mit zahlreichen Tempeln und Kampfstätten für Pilger und Athleten aus ganz Griechenland.

240 Säulenreste unter uralten Bäumen in Olympia.

241 Drei Epochen als stimmungsvolles Ganzes: antike Ruinen, eine byzantinische Kirche und neue Wohnbauten in Athen.

242 Die Akropolis von Athen, die Vollendung griechischer Baukunst, inmitten der modernen Großstadt.

244 Das große Erbe.

DAS GROSSE ERBE

Die ersten Menschen, welche die Götter schufen, waren ein goldenes Geschlecht. Sie lebten, solange Kronos dem Himmel vorstand, sorgenlos und den Göttern selbst ähnlich, von Arbeit und Kummer entfernt. Auch die Leiden des Alters waren ihnen unbekannt; an Händen, Füßen und allen Gliedern immer rüstig, freuten sie sich, von jeglichem Übel frei, heiterer Gelage. Die seligen Götter hatten sie lieb und schenkten ihnen auf reichen Fluren stattliche Herden. Wenn sie verscheiden sollten, sanken sie nur in sanften Schlaf. Solange sie aber lebten, hatten sie alle möglichen Güter; das Erdreich gewährte ihnen alle Früchte von selbst und im Überflusse, und ruhig, mit allen Gütern gesegnet, vollbrachten sie ihr Tagewerk. Nachdem jenes Geschlecht dem Beschlusse des Schicksals zufolge von der Erde verschwunden war, wurden sie zu frommen Schutzgöttern, welche, dicht in Nebel gehüllt, die Erde rings durchwandelten, als Geber alles Guten, Behüter des Rechts und Rächer aller Vergehungen.

GUSTAV SCHWAB
(Die schönsten Sagen des klassischen Altertums, 1837)

Schön ist Eros' schattiger Hain; in der stattlichen Bäume
Zitterndem Laubwerk spielt Zephyros lieblich und mild.
Tauig und frisch strahlt mitten im Hain von den Blumen die Wiese,
Schön mit Violen bekränzt, herrlich mit Rosen geschmückt.
Und es ergießen aus dreifachen Reihn, auf der einen die andre,
Brüste der Naïs hier kühlende Ströme herab.
Zwischen den schattigen Bäumen dahin schlüpft murmelnd des alten
Iris Flut, von dem Chor lockiger Nymphen umtanzt.
Gärten mit reichlichen Trauben sich schmücken, die sonnigen Hänge
Zeugen die goldene Frucht fetter Oliven umher.
Rundum tönt Philomelens Gesang; wetteifernd mit jener
Schallt harmonisch das Lied feuriger Grillen zugleich.
Geh nicht achtlos weiter; es öffnet sich freundlich die Türe;
Nimm das kleine Geschenk, das sich so gastlich dir beut.

MARIANOS SCHOLASTIKOS
(um 500 n.Chr.)

Übertragung aus dem Griechischen von Christian Friedrich Wilhelm Jacobs

ARESLIED

Ares, mächtiger Wagenstreiter mit goldenem Helme!
Du Starkmütiger, Schildbewehrter, Städtebefreier,
Erzgepanzerter, Unermüdeter! Du mit dem starken
Arm und gewaltigen Speer, du Schanze des hohen Olympos!
Vater des tapfer erfochtenen Siegs, du Rächer der Unschuld,
Der du bist eisern dem Widerstreber, o Führer der Frommen,
König des männlichen Muts, der du im flammenden Kreislauf
Unter den sieben irrenden Sternen mit glühenden Rossen
Stets auf der dritten Bahn des Himmels Veste durchwallest!
Höre! du Helfer der Menschen, du Geber mutiger Jugend!
Träufle milden Glanz auf unser Leben hernieder,
Und auf unsre kriegrische Kraft, auf daß wir vermögen,
Zu verjagen von unserm Haupte das bittre Verderben,
Ihn, der zum grimmigen Kampf uns reizt, den Zorn zu bezähmen,
Und die täuschende Glut in unserm Busen zu stillen!
Aber Kühnheit gib, o Seliger! Gib, daß wir bleiben
Unter dem sanften Gesetz des Friedens; gib, daß wir mögen
Unserer Hasser Wut, und meiden grausames Schicksal!

ALTIONISCHES GÖTTERLIED

Übertragung aus dem Griechischen von Friedrich Leopold Graf zu Stolberg

AN POSEIDON

Erhabenster Gott,
Walter der Wogen mit goldenem Dreizack,
Du Erderschüttrer im Schwall der Flut!
Rings im Kreis umtanzt dich, was schwimmend
Durch Kiemen haucht, Brut der Gewässer,
Mit leichten Gelenken bewegt:
Rauhalsige, hurtige Hunde, Freunde der Töne,
Delphine, wellengeborene,
Nereus' göttlichen Töchtern lieb,
Amphitrites holden Kindern.
Ihr trugt den Meerwandrer an Tainarons Strand,
Zum Lande des Pelops den Irrenden, auf der sizilischen Welle,
Ihr trugt mich sanft auf dem Bug des Rückens,
Schneidend die eingefurchte Bahn,
Der Göttin unbefahrnen Pfad,
Als Männer voll Trug
Wild über Bord
Aus dem gewölbten Schiff
In purpurne Strudel geschwollener Flut mich warfen.

ARION VON METHYMNA
(um 600 v.Chr.)

Übertragung aus dem Griechischen von Eduard Saenger

Unheimlich fühlen wir da die Nähe des Zustandes, in dem ausgerufen wird: «Alles lieber, als den brennenden Glanz der ungemilderten Wirklichkeit – alles!» Doch Hölderlin bleibt griechisch – und heil noch – wenn er fortfährt:

Aber
Schön ist's, die Seele
Zu entfalten und das kurze Leben.

Ungern nennt er jetzt so die Götter, wie die Mythologie. Ihm sind es Namen, aus denen «die Seele schwand». Dionysos heißt für ihn Rebengott, Weingott. Er gelangt aber tatsächlich zum Dionysischen, dazu, was im Sinne des Weingottes ist. So hebt die letzte Fassung der Hymne «Mnemosyne» an:

Reif sind, in Feuer getaucht, gekochet
Die Frücht und auf Erde geprüfet und ein Gesetz ist,
Daß alles hineingeht...

Es ist sein letztes vollendetes Gedicht. Das Beglückende des schlichten «puren Seins», klar gespiegelt, eröffnet die zweite Strophe:

Wie aber Liebes? Sonnenschein
Am Boden sehen wir und trocknen Staub
Und heimatlich die Schatten der Wälder und es blühet
An Dächern der Rauch, bei alter Krone
Der Türme, friedsam...

Und in der dritten erscheint, in hellstem apollinischem Licht, das seine Seele verwundet hatte, indem es ihr die Sehnsüchte nahm, erscheint Griechenland, wie Hölderlin es aus den Reiseschilderungen und der alten Dichtung kennt, abgeklärt und befreit von allen Verschleierungen tröstender Sagen und Lehren, *wie es ist*, von seinen Heroen verlassen, verödet – und dennoch kein Grund ist zur Trauer:

Am Feigenbaum ist mein
Achilles mir gestorben,
Und Ajax liegt
An den Grotten der See,
An Bächen, benachbart dem Skamandros.

An Schläfen Sausen einst, nach
Der unbewegten Salamis steter
Gewohnheit, in der Fremd', ist groß
Ajax gestorben.
Patroklos aber in des Königs Harnisch. Und es starben
Noch andere viel. Am Kithairon aber lag

Elevtherä, der Mnemosyne Stadt. Der auch als
Ablegte den Mantel Gott, das Abendliche nachher löste
Die Locken. Himmlische nämlich sind
Unwillig, wenn einer nicht die Seele schonend sich
Zusammengenommen, aber er muß doch; dem
Gleich fehlet die Trauer.

DAS VERSCHWUNDENE

Armes Griechenland! Wir nahen ihm, auf sein alles durchdringendes, geistiges Licht vorbereitet und auf volle Farben. Wie verhält es sich in der Wirklichkeit mit ihm? Mit Griechenland – nicht bloß vom Vordergrund aus betrachtet, sondern als Ganzes? Licht und Sein gehören so zusammen wie die «Existenz», die Bedrohte, und die Angst erweckende Dunkelheit. Und die Farben, sie mahnen an die beglückende Konkretheit des Seins. Wird uns Griechenland nicht enttäuschen?

Ich brauche nicht lange, die Aufzeichnung zu suchen – sie wurde auf Lesbos gemacht –: «Nur eine einzige, rosarote Oleanderblüte mit *diesem* blauen Meere im Hintergrund – und sie genügt, den Betrachter schwindlig zu machen, wie wenn er über einem Abgrund stünde! *Solche* Wunder öffnen sich von der Veranda, Wunder, wofür die Wüste notwendig ist. Und sie *ist* hier zugegen, ungeachtet der Ölbäume, der hinter hohem Schilf versteckten Gärten und des Meeres ...» Ja, das Meer, dessen Attribut bei Homer «atrygetos» – das heißt «wo man nicht erntet» – ist, gehört auch zur «Wüste», wie sie, in erweitertem Sinne als Verödung und Entblößung verstanden, in Griechenland überall da ist. Entblößt ist dieses Land, leer geworden, beraubt, verlassen von der antiken Existenz, einem einzigartigen hohen Dasein. Es war eine Existenz, die das Sein und das Licht verehrte, aber nicht weniger bedroht wurde von der Dunkelheit, dem Verschwinden, bis zum Verschwinden des Gedächtnisses selbst.

Hölderlins Hymne «Mnemosyne» klang damit aus; mit dieser Wahrheit über das Griechenland vor der Befreiung. Selbst das Gedächtnis, die als Gottheit verehrte Mnemosyne, die Stadtgöttin von Eleutherai, selbst sie erlosch, als die Mauern ihrer Stadt am Kithairon begannen hinzufallen! Antike Städte Italiens leben auch heute noch, die gleichen Mauern ausfüllend und über sie hinauswachsend, wie in der Zeit ihrer Gründung im Altertum. Da schwand das Gedächtnis nicht, verlor nur seine Klarheit, blieb als greifbare, sichtbare Kontinuität, weder tot noch unbewußt. Verlassene Stadtmauern, fern von bewohnten Orten oder in einer Ecke nur das Dorf beherbergend, welches sich da aus unverstandenen Steinen aufgebaut hatte: sie bezeugen in Griechenland den Tod der Mnemosyne, des überindividuellen, mit der Landschaft selbst verbundenen Gedächtnisses.

Hölderlin dachte von ihr wie von einer Nymphe, die mit ihrem Baum stirbt. Seltsames Wissen des Dichters, dem Griechenland nur im Geiste gegenwärtig war: denn nichts bezeugt so eindrücklich, so absolut die lange Todeszeit, in der sogar das Gedächtnis schwand, die Erinnerung des Landes selbst an früheres, hohes Leben, als das Verschwundensein der Bewaldung bis auf niedrigen Busch und kleine Kiefer, die genügen, die Luft wie ein ständiger feiner Opferrauch von aromatischen Kräutern zu würzen. Wollen wir uns damit trösten, daß das Land «seinen Waldreichtum verlieren mußte, um die Klarheit seines Angesichts dem Himmel zuzuwenden, der sich mit göttlichem Glanze über ihm ausbreitet»? Und daß es hier ebendarum «nichts Zierliches, Gemütvolles, Behagliches, kein romantisches Halbdunkel» gibt, sondern nur das Große? (Walter F. Otto.)

Es will uns scheinen, als dürften wir sogar im Hinblick auf die wenigen in ihrer Landschaft stehenden Werke der großen Kunst jener erloschenen Existenz sagen: die Verwüstung um sie herum war wie eine reinigende Arbeit, die nur dem Sinn des Ganzen gedient hat – als verrieten die Heiligtümer der Göttin Athene auf der Akropolis von Athen oder Lindos, befreit von den Bauwerken ihres Standortes, die sie da im Altertum verdeckt und verborgen haben, als verrieten sie in diesem Zustand erst den sinnvollen Zusammenhang des architektonischen Gedankens mit der Landschaft, ähnlich wie im Skelett der organische Sinn des Körperaufbaus erkennbar wird; als zeigten uns dadurch gerade die geistigsten Gebäudeanlagen des Altertums unbeabsichtigt den Sinn der Landschaft selbst...

Ihren *Sinn* scheint die griechische Landschaft mit dem Erlöschen der antiken Existenz verloren zu haben. Der zufällige ‹Ausschnitt› wird ja erst dadurch zur ‹Landschaft›, daß in ihm ein Sinn *entdeckt* wird, und zu diesem Sinn gehört ein Entdecker, ein schauender Mensch. Romano Guardini hat uns die menschlich-persönliche Komponente der ‹Landschaft› in dieser engeren Bedeutung – in Gegensatz zum bloßen ‹Ausschnitt› – herausgearbeitet: «Was sie zusammenschließt, ist die Durchdringungskraft des schauenden Menschen. Dabei werden die Teilgebilde selbst verändert. Gegenstände, die dem Wesen des Betrachtenden fern liegen, verlieren an Substanz oder verschwinden vollständig; andere, die ihm verwandt und wichtig sind, werden dichter und mächtiger. Das Ganze tritt unter einen Beziehungspunkt, der es gliedert, nämlich das lebendige Fühlen der betrachtenden Persönlichkeit. Von ihm her bekommen die Einzelheiten verschiedene Akzente.» So beschreibt Guardini bis in ihre täglichen Wandlungen hinein die «Daseinslandschaft des lebenden Menschen», die Landschaft von jenem Gesichtspunkt aus, von dem aus sie nicht mit Sein, sondern mit Dasein, mit Existenz, zusammenhängt.

Auf einen anderen Gesichtspunkt nahm ich Bezug, als ich den schauenden Menschen ‹Entdecker› der Landschaft nannte. Landschaften sind Aspekte des *Landes,* selbst wenn erst der Mensch in ihnen den Sinn entdeckt, durch den sie aufhören, zufällige ‹Ausschnitte› zu sein. Es ist eine Begegnung, dieses Werden der ‹Landschaft› aus dem ‹Ausschnitt›, und als Begegnung auch menschlich, sogar persönlich. Doch kann die andere Seite, die nicht menschliche, als wäre sie eine andere Persönlichkeit, dermaßen überwiegen, daß der Begegnende auf der menschlichen Seite aufhört, ein Wählender zu sein, und sich völlig dem *Sinne* ergibt. So ist die ‹Wahl› von Kultorten, von Stätten für Tempel zu denken: sie sind aus dem Gesichtspunkte nicht bloß des Menschen, sondern auch des Außer- und Übermenschlichen gewählt. In Griechenland verschwand mit der antiken Existenz auch der Mensch, der den Sinn der Landschaften gleichsam erweckte und wachhielt. Er wurde abgelöst, nicht etwa von einem völlig anders gearteten Menschen, doch von einem, der sich jenem Sinn verschloß. Aber die Götter?

GRIECHENLAND – GÖTTERLAND

Naiv klingt die Bemerkung, die sich eine schwärmerische Reisende, an einem Dezembertag 1906 in Korfu angekommen, in ihr Tagebuch schrieb: «Ich begreife so gut, daß sich die Götter Griechenland ausgesucht haben, und bin vor Freude ganz weg, daß ich hier bin.» Ganz sinnlos ist das Aperçu nicht.

Daß die Götter Griechenlands viel mehr vom Sein, wie es in dieser Betrachtung verstanden wurde, vom Sein in seiner Konkretheit, als von der Geschichte aus zu begreifen sind, ist eine Erkenntnis, die nicht nur dem Stand der Wissenschaft von der antiken Religion gemäß ist. Sie entspricht auch jener Stufe unserer wachsenden Ansprüche und Empfindlichkeit, von der gleichfalls schon die Rede war. Ja, auch das, was bis jetzt über das Sein gesagt wurde, wird wohl verständlicher werden durch zwei Verse aus Muzot (Anfang Juni 1923):

Nur Götter sind. Durch ihre Spiegel ziehn
wir vor dem Hintergrund von Tier und Pflanze.

Voran gingen Zeilen des Gedichtes im Sinne der von Rilke nicht nur hier gestellten Frage: in allem, was wir je in unserem schwindenden Leben erfahren haben, in all dem –

wo war der Seiende? Wo war das Sein?

Nur von Göttern kann dies gelten, daß sie «sind», von Menschen nicht. Aber was sind «Götter»? Götter in Mehrzahl, sich voneinander als klare, charakterisierbare Gestalten unterscheidend, unverwechselbar auch mit anderen Göttern, die Götter Griechenlands, an die der Europäer immer zuerst denkt und Rilke sicher dachte – *was sind sie*? Walter F. Otto nannte sie Seinsgestalten, die Gestalten eben jenes Seins, dem wir auf dem Wege unserer Ansprüche nach Licht und Farbe zugeführt werden. Von unseren Ansprüchen aus, die Licht auch *im Menschen,* in unseren inneren Möglichkeiten fordern, kommen sie uns vor wie die Urbilder alles Menschlichen, als wiedererkennten wir uns in ihnen, wie in Spiegelbildern: der Jüngling in Apollon, die Jungfrau in Artemis, die Braut in Persephone, die Frau in Hera, der kunstreiche Meister in Hephaistos, der Krieger in Ares, der rege, bewegliche Geist in Hermes, entsprechend dem Alter und dem Lebensbereich, in dem wir uns befinden, vorübergehend. Scheinbar sind *sie* die Spiegelbilder. Aber sie ändern sich nicht; *wir* spiegeln sie und gehen vorüber...

«Götter» in diesem Sinne, die als Gestalten des Seins alles Menschliche mitumfassen, darüber hinaus aber auch das, was dem Menschen in den Aspekten des Landes, den Aspekten der Welt, in übermenschlichen Bereichen zeigt – im Bereich der nährenden Erde, des «Meeres, wo man nicht erntet», des alldurchdringenden Lichtes, der allbeherrschenden Liebe (und es wäre noch fortzusetzen) – solche Götter sind ihrem Wesen nach nicht ausschließlich mit Griechenland verbunden. Verbunden sind sie wohl mit dem Konkreten, die Todesgötter selbst mit der Konkretheit des Todes. Und das Konkrete ist in anderen Ländern nicht weniger konkret, das Sein anderswo nicht weniger Sein. Tritt es aber auch anderswo so durch unsere Augen in uns ein? Ist nicht gerade dieses Land in kleinem so sehr die *Welt,* wie kaum ein anderes? Der Essayist «Von der Macht der griechischen Landschaft» spricht es am richtigsten aus:

«Wo immer Griechenland ist, ist es in einem Berg, Ebene und Meer (auch Meer, denn kein Punkt, von dem aus es nicht binnen eines Tagesmarsches in die Sichtweite fiele), ist es eine Feststätte der Begegnung aller Landschaftselemente, von Land und See, von Gebirge und Ebene, von Höhe und Tiefe, von Nähe und Ferne. Mögen sie in anderen Gebieten je für sich grandiosere Gestalt haben, ihr Zusammen- und Ineinssein gewinnt hier eine einmalige Vollendung. Es ‹fehlt› dem griechischen Raum nichts: auf überschaubarer Basis stellt sich seine Einzellandschaft als ein festumrissenes Erdganzes dar, als geschlossener Mikrokosmos, der sämtliche Grundformen der Erde versammelt. Ebene und Gebirge trennen sich nicht, sie sind ständig aufeinander bezogen und spielen sich wechselseitig ihren Sinn zu, wie Bild und Rahmen; die Ebene, Inhalt des Gefäßes, füllt aus, die Bergzüge aber schließen ein, grenzen ab, halten zusammen; ihre Höhenlinie streicht in langer Horizontale und rafft sich kaum je zu spitzer Gipfelung auf. Ihr Abschluß gibt sich endgültig, keine Vertikale verführt das Auge, sich über die Erde zu erheben. Die See aber durchfurcht in tiefreichenden Vorstößen das Land, das mit seinen weit vorspringenden Schenkeln das Meer in seinen Schoß zu ziehen scheint...»

Gewiß haben sich die Götter Griechenlands durch die antike *Existenz* gezeigt. Das Land trägt heute eine andere: ihre Bilder, auch Bilder von ihrer Art der Vergegenwärtigung des Göttlichen, ‹Ausschnitte› aus der heutigen griechischen Existenz, werden hier festgehalten. Diese gehört unmittelbar, eben weil sie durch den Tod des Gedächtnisses lange und vollständig getrennt war von der Antike, zur sinnfälligen Wirklichkeit des Landes in seiner letzten Entblößung. Ein Land für Götter bleibt Griechenland auch in dieser Entblößung. Seine Aspekte sind wahre Weltaspekte. Landschaften, nicht nur von der antiken Existenz aus dazu geworden, sondern vielmehr von dem Sein aus, durch die Göttergestalten, durch die da eine besondere, auch in Zügen der Erde sich zeigende Gestalt des Seins als konkret gegenwärtig erkennbar geworden ist. Gerade wenn wir uns nicht auf das Vergangene, sondern auf das Konkret-Gegenwärtige – das Gegenwärtige in seiner größten Intensität – einstellen, werden wir für ein Götterland offen.

DER MENSCHLICHE MITTELPUNKT

In ‹Ausschnitten› wird sich das Konkret-Gegenwärtige uns hier zeigen. Doch die ‹Ausschnitte› haben einen gemeinsamen menschlichen Mittelpunkt. Sie wurden nicht bloß aus Gründen gewählt, die in den Gegenständen selbst zu finden waren, sondern auch von einer Existenz aus, und bilden daher in ihrer Gesamtheit das Zeugnis einer persönlichen Begegnung. Der Wählende ist nicht gleichgültig. Seine Existenz steht uns für jene heutige, von der aus Griechenland beginnt, neu erlebt zu werden, und um deren Bewußtmachung sich diese Betrachtung bemüht hat. Der Wählende wählt doch den ‹Ausschnitt›, der den Ansprüchen seiner Existenz entspricht. Worauf richtete er sich unwillkürlich? Dies erhellt aus Aufzeichnungen, die sich Rudolf Hoegler während seiner Arbeit in Griechenland gemacht hat. Sie hängen von der vorhergehenden Betrachtung nicht ab, und diese nahmen auf sie keine Rücksicht. Es sind Zeugnisse des beteiligten Daseins, die die Kamera nicht einzufangen vermochte.

In Olympia:

> «Über das Alpheiostal spannte sich der Bogen der Milchstraße – Ruinen gestürzter Heiligtümer, das Klingen des Stromes, das Gezirp der Grillen und die Stille, betont durch das Rufen eines Käuzchens und das Leuchten von Glühwürmern – dann ein Rauschen in den Hainen. Ich stand unter den hohen und dunkeln Säulen nächtlicher Zypressen – wenn die Dinge sich wenden zur Verkündigung.
> Ja einmal – so sprach es mich an, und in diesem Augenblick fühlte ich jene Nähe – nur noch fördern, nicht mehr fordern.»

Auf Mykonos:

«Gutes nacktes schwarzes Bauernbrot. So sah ich noch nie das Brot: beackerte Erde zwischen Felsen, eine Frucht, köstlich und duftend, wie Haut, Salz und Wasser – herb, sinnlich, keusch und kräftig, so ohne Zutat schön. So diese steinige Welt hier, braungebrannt in einer rauhen Oberfläche die Struktur der Mauern, gedörrt unter Feuer und Sonne – nirgends sah ich noch so das Brot im kosmischen Raume stehen.
Die reiche und die so dürftige Erde – entkleidet aus dem Meere ragend und einen gewaltigen Himmel über sich tragend.»

Anderswo und überall:

«Über den Abgründen schweben Asphodelen und Disteln. Vor solchen Räumen ist Zurückhaltung das einzige Maß. Ein Gesicht ist so groß, wie das Auge fähig ist, es zu erblicken. Es ist die Kraft der Bescheidung, die den Geist immer wieder zurückruft in die Sinne. Unser Leib wandelt wie eine reife Frucht des Lichtes durch dieses nackte, glühende Land.
Ein schütteres Kornfeld neigt sich zum Meere, ein seltener Garten, wie eine Oase mit Granatapfel, Orange, Zitrone, trägt seine Früchte nicht als Ernte, sondern als Geschenk. Immer wieder in dieser Trockenheit ist ein Feigenbaum, das Grün des Weinstocks, was in solcher Dürre wie ein Wunder berührt.
Unter Flammen des Lichtes verdichtet sich die Farbe fast zu Dunkelheit. Nur Bläue – in welch unvorstellbarer Abwandlung – mäßigt das Feuer, bändigt ein Übermaß und sänftigt die Härten.
Eindringlicher ragen die Inseln aus der blauen Transparenz des Wassers in die strahlende Bläue des Äthers. Lichtversunkene, steinerne Ewigkeit im Schweigen am Mittag – welcher Inbegriff des Seins.
Das Licht ist der Weg zum Unendlichen und das Auge die Verklärung der Sinne. Auf solchem Wege wird der Mensch und seine Gestalt zur mächtigen Forderung. Mädchen und Jüngling, die Kore- und Kuros-Statuen der archaischen Bildhauerkunst, erscheinen in neuer Bedeutung:
Wurde je wieder das Lebensgeheimnis so im Bilde gestaltet? Tief im Rätsel des Seins wurzeln und zugleich im klaren Licht der Anschauung stehen! Das ist ewigarchaisch geblieben – woher er komme, wohin er sich wende und zu welchem Glauben er sich bekenne: Der Mensch. – Hier ist nicht Leibliches, nicht Geistiges vordergründig. Nicht Sehnsucht der Seele oder Gier des Fleisches. Es ist ein Drittes, was sie verbindet, von dem getrennt sie wesenlos bleiben. Hier ist es sinnfällig geworden. Erste und höchste Erkenntnis des Du. – Eros, als schöpferische Ehrfurcht, belohnt mit Schönheit.

Sind wir hier am Angelpunkt griechischer Erfahrung, am Quell der Mythen, am Ursprung künstlerischer Gestaltung, am Beginn unserer Kultur – hier, wo sie anonym sind und nur einem verpflichtet: dem Unendlichen.»

So seine Aufzeichnungen aus den Jahren 1953–54. Man greife auf Hofmannsthals «Statuen» zurück, das letzte Stück der «Augenblicke in Griechenland», auf jenes Erleben der Koren im Akropolis-Museum von Athen: es müßte in der evokativen Macht der erschütternden Worte des Dichters selbst als das Allerhöchste hierher gesetzt werden, würde aber dieses Präludium sprengen.

Es genügt, wenn wir an die griechischen Mädchen und Jünglinge, Männer und Frauen denken, deren Bilder uns Statuen und Vasenmalereien in die Seele einprägen. Sie waren es, in deren Gestalt die Gestalten des Seins eingingen, um sich mit Griechenland so zu verbinden wie mit keinem anderen Land der Welt. Der Jüngling über allen Jünglingen, der göttliche Kuros, den zu spiegeln die irdischen Kuroi in seinem Heiligtum dastanden, war Apollon.

Das göttliche Mädchen, zu dessen Ehren die Koren aus Marmor auf der Akropolis aufgestellt wurden, war Pallas Athene, die Kore der Athener, die himmlische Göttin der Stadt. Vom Himmel her wurde sie empfangen, von Seelen und Körpern, von blühend Feiernden, von Schauenden und Bildnern aufgenommen und sichtbar gemacht.

Man wird in diesem Lande, je intensiver das sinnliche Erlebnis wird, um so inniger beschäftigt sein mit dem Geheimnis der Erscheinung der Götter und der höchsten Gestalt des Menschen. Und um so mehr wird man eben dadurch dem Konkretesten – *diesem* Licht und *dieser* Landschaft – gerecht. Griechenland blieb Götterland, nicht nur vermöge seiner Denkmäler und der Überlieferungen, sondern in seiner Wirklichkeit, sich auf unserer Stufe der Erfahrung fast wieder wie den Alten eröffnend.

ANMERKUNGEN

199 Goethe über Tischbein und Kniep: Italienische Reise, Neapel 19.3.1787, Pästum: Neapel 23.3.1787. Bozen: Goethe, Italienische Reise, Trient 11.9.1786.

200 Andersen: Eines Dichters Bazar, Originalausgabe des Verfassers, Leipzig 1853, S. 140f.

201 Gregorovius: Korfu. Eine ionische Idylle, erste Ausgabe bei Brockhaus 1881.
In Attika: Gregorovius, Aus der Landschaft Athens 1880, in den «Kleinen Schriften» I, S. 117ff. Beide Schriften beigegeben dem «Athen und Athenais», herausgegeben von Fritz Schillmann, die angeführten Stellen S. 857 und S. 677.

202 Gerhart Hauptmann: Griechischer Frühling, in den Gesammelten Werken, Berlin 1912, VI, S. 27.
Tagebuch Gustave Flauberts: Notes de Voyages, II.
Maurice Barrès: Le Voyage de Sparte, S. 156.
Carl J. Burckhardt: Kleinasiatische Reise, in der Sammlung Klosterberg, Basel, S. 5.

203 «Von der Macht der griechischen Landschaft»: Johannes Gaitanides in der Frankfurter Allgemeinen Zeitung, 19.12.1953.
Walter F. Otto: Apollon, in der Zeitschrift: «Neues Abendland», Augsburg 4, 1949, S. 80.
Jules Girard: Etudes sur l'éloquence attique, S. 57.

204 Euripides: Medeia 829/30.
Aristeides: Panathen. 97: übersetzt von G. von Reutern, Hellas. Ein Führer durch Griechenland aus antiken Quellenstücken, Heimeran-Verlag München, S. 47f.
Philologe: Griechische Erinnerungen eines Reisenden, herausgegeben von Theodor Birt, Marburg 1902, S. 35 und 45.
Gerhart Hauptmann: Griechischer Frühling, S. 55 und 57.

205 Zurückführung und «sinnliche Überlieferung»: Kerényi, Apollon. Studien über antike Religion und Humanität, 3. Ausgabe bei Eugen Diederichs 1953, S. 87.

206 Meine Aufzeichnung: Kerényi, Stunden in Griechenland. Horai Hellenikai, Rhein-Verlag Zürich, S. 77, Naxos 24.5.1929.

207 Goethe: Schriften zur Farbenlehre, im Vorwort.

208 Aldous Huxley: The Doors of Perception, London 1954.
Die Bienen: S. 19ff. nach von Frisch.
«Alles lieber...»: «Anything rather than the burning brightness of unmitigated Reality—anything!»

209 Istigkeit: S. 12 und 26.
«Das Wunder...»: «the miracle, moment by moment, of naked existence.»
«Blumen...»; «Flowers shining with their own inner light and all but quivering under the pressure of the significance with which they were charged.»
Die Bedeutung, daß sie... «sind»: «what rose and iris and carnation so intensely signified was nothing more, and nothing less, than what they were.»
Das «pure Sein»: «pure Being».
Der Philosoph: Heidegger im Nachwort zu «Was ist Metaphysik?»
Rilke: auch in der Ausgabe der «Briefe» 1950, S. 40.
Das Ganze und seine Spiegelung: Kerényi, Die antike Religion. Ein Entwurf von Grundlinien, 3. Ausgabe bei Eugen Diederichs 1952, S. 114.

210 Chandler: Reisen in Kleinasien, deutsch, Leipzig 1776, S. 112.
Heinse: Ardinghello und die glückseligen Inseln, Insel-Ausgabe 1907 nach dem letzten von Wilhelm Heinse selbst überwachten Druck von 1794, S. 375.
Eine Reihe von Gedichten: «Die Völker schwiegen, schlummerten...» (1797) am Schluß, «Der Mensch», Z. 31/32 und das angeführte Gedicht «Der Neckar», dessen Vorgänger «Der Main» als frühere Stufe auch zu vergleichen ist.

211 «Die grüne Nacht belaubter Bäume»: Haller, angeführt von Vietor, Zeitschr. f. deutsche Philologie 63, 1938,
Von innen her: Kerényi, Geistiger Weg Europas, Rhein-Verlag, Zürich 1955, S. 58.
Dämmerndes Grün: in der «Palinodie» und später nochmals «Der gefesselte Strom», Z. 21.
«Goldrot»: Der Vatikan, S. 45 («grüne Nacht», Z. 47).
«Bis zu Schmerzen...»: «Vom Abgrund nämlich...», Z. 28/29.
«Blühendduftend»: «Das nächste Beste», dritte Fassung, Z. 36.
«Es reiche aber...»: «Andenken», Z. 25ff.
Schlag Apollons: Brief vom Dez. 1802 von Böhlendorf.
«Wenn über dem Weinberg...»: Pläne und Bruchstücke 50.

245 «Die Seele schwand»: «Die scheinheiligen Dichter», Z. 6.
«Mnemosyne» dritte Fassung: herausgegeben von Friedrich Beißner in der großen Stuttgarter Ausgabe 1951.

246 Aufzeichnung auf Lesbos: Kerényi, Stunden in Griechenland, S. 95.

247 Walter F. Otto: im Aufsatz «Apollon», S. 80.
In ihrer Landschaft stehende Kunstwerke und der Sinn der Landschaft: Kerényi, Apollon, S. 101.
Guardini: Form und Sinn der Landschaft in den Dichtungen Hölderlins, Tübingen und Stuttgart 1946, S. 12.

248 Schwärmerische Reisende: Franziska Gräfin zu Reventlow, Gesammelte Werke, München 1925, S. 416.
Verse aus Muzot: Rilke, Gedichte 1906 bis 1926, Insel-Verlag 1953, S. 604.

249 Walter F. Otto: in seinem grundlegenden Werk «Die Götter Griechenlands. Das Bild des Göttlichen im Spiegel des griechischen Geistes», Bonn 1929 zuerst erschienen.
Urbilder alles Menschlichen: Kerényi, Die Mythologie der Griechen. Die Götter- und Menschheitsgeschichten, Rhein-Verlag, Zürich 1951.
Der Essayist: Johannes Gaitanides.
Landschaften und Göttergestalten: «Auf Wanderungen und Fahrten zu griechischen Kultstätten überkommt uns immer wieder das Empfinden: nicht der Tempel an sich, nicht der aus der Landschaft für den Gott herausgeschnittene Bezirk allein stellt die Heiligkeit der Stätte dar, sondern die ganze Landschaft ist Gott-erfüllt, und zwar erfüllt von *dem* Gott, dessen Heiligtum in ihr errichtet ist.» So Paula Philippson, eine Griechenlandreisende auch sie, einleitungsweise am Anfang ihres Buchs «Griechische Gottheiten in ihren Landschaften», Symbolae Osloenses Suppl. IX, Oslo 1939; von der Insel Samothrake als Kultstätte: Kerényi, Unwillkürliche Kunstreisen. Fahrten im alten Europa 1952-53, Rhein-Verlag, Zürich 1954, S. 112ff.

250 Rudolf Hoegler: Aufzeichnungen in Griechenland.

252 Das göttliche Mädchen: Kerényi, Die Jungfrau und Mutter der griechischen Religion. Eine Studie über Pallas Athene, Rhein-Verlag, Zürich 1952, und in Jung/Kerényi, Einführung in das Wesen der Mythologie. Das göttliche Kind / Das göttliche Mädchen, 4. Ausg. Zürich 1951, S. 149ff.

REGISTER

A

Achaia (Achäer) 41, 48, 79, 120f.
Acheloos (Fluß) 79
Achill 114
Actium 122
Aedipsos 113
Afaiatempel, Ägina 115
Ägäis 45f., 48f., 60, 76ff., 81f., 82, 84, 87, 114, 116, 117, 119f., 123, 135
Agamemnon 48, 80, 226
Agia Marina 115
Agia Paraskevi 114
Ägina 48, 64, 115
Agion Oros → Athos
Agios Nikolaos 117
Ägypten 46, 203
Akarnanien 78
Akropolis 41, 83, 86, 197, 242, 247, 252
Alexander der Große 42, 121f.
Aliakmon (Fluß) 32
Alika 48
Alpheiostal 80, 250
Amorgos 84, 111f., 145
Andersen, Hans Christian 200, 203
Andrawida 123
Andritsena 102
Andros 111
Ano Viannos 155
Antalkidas 122
Antonius, Marcus 122
Aphrodite 113
Apollon 80, 112, 203, 205, 211, 248, 253
Apollonia 168
Ares 249
Argolis 48, 79, 115, 120
Argosaronische Inseln 82, 115
Argosaronischer Golf 115
Ariadne 118
Aristeides, Ailios 204, 253
Aristippos von Kyrene 122
Aristoteles 42
Arkadien 48, 79, 81, 201
Arkitsa 114
Arta, Golf von 78, 122
Artemis 112, 249
Atriden 80
Astypalaia 87
Athen, Athener 38, 40ff., 48f., 64, 79, 115, 121ff., 134, 162, 176f., 183ff., 190f., 193, 195, 198, 200f., 203f., 226, 231, 237, 241f., 247, 252
Athos 39, 76f., 104, 111, 141f., 145, 147
Atlantis 112, 119, 148
Ätolien 48, 78, 85
Attika 24, 46, 48, 60, 79, 82, 87, 113, 148, 200, 203f., 232, 252
Augustus (Oktavian) 122
Axios (Fluß) 47

B

Baalbek 78
Babylon 122
Barrès, Maurice 202, 252
Beißner, Friedrich 253
Blake, William 208
Böotien 48, 79, 113
Burckhardt, Carl J. 202, 252
Byzantinisches Reich 123
Byzanz → Konstantinopel

C

Cäsar, Gajus Julius 122
Chalki 87
Chalkidike 76f., 142
Chalkis, Meerenge von 77, 114
Chandler, Richard 210, 253
Chania 117
Chios 26, 83, 85
Choiseul-Gouffier, Graf 211
Chora 87, 111ff.
Christo Pantokrator 148

D

Daphni 148
Delos 87, 111f., 234f.
Delphi 47, 78f., 85, 121, 195, 203, 221, 223ff., 228
Demokrit 122
Diadochenreiche 122
Dikte (-gebirge) 116f.
Diogenes aus Sinope 122
Dionysos 245
Dirfi (Berg) 113
Dodekanes 82, 86
Dodona 78
Dorer 43, 121
Drama 107

E

Eckhart, Meister 209
Elektra 48
Eleusis 200
Eleutherai 246
Elias (-gebirge) 86
Elis 48, 79f.
Elounta 103
Epidaurus 80
Epikur (Epikureer) 43
Epimetheus 120
Epirus 40, 47f., 78, 123, 172
Eros 251
Euböa 46, 77, 82, 110, 113f.
Euripides 204, 253
Evans, Arthur 118

F

Flaubert, Gustave 202, 252
Folegandros 30, 111f.

G

Gaitanides, Johannes 253
Galaxidi 79
Geraki 81
Giona (-gebirge) 79
Girard, Jules 203, 253
Glossa 114
Goethe, Johann Wolfgang von 199ff., 207, 252f.
Gogh, Vincent van 199
Grammos (-gebirge) 47
Gregorovius 201f., 206, 252
Guardini, Romano 248, 253

H

Hadrian, Kaiser 204
Hauptmann, Gerhart 202, 204f., 252f.
Heinse, Wilhelm 210, 253
Helena 48
Helikon (Berg) 79
Helladische Kultur 120
Hellenistisches Zeitalter 122
Hellespont 47, 121
Hephaistos 45, 249
Hera 237f., 249
Hermes 111, 196, 249
Hermupolis 111, 161
Hippokrates 86
Hoegler, Rudolf 253
Hofmannsthal, Hugo von 202, 205ff., 252
Hölderlin, Friedrich 210f., 245f., 246f., 253
Holdt, Hanns 206
Homer 38f., 121, 246
Horaz 85
Huxley, Aldous 208, 253
Hydra 59, 73, 115f.
Hymettos, Athen 183

I

Iapetos 37
Ida (-gebirge) 116
Igoumenitsa 78
Ikaria 82, 85f.
Ioannina 22, 78, 172
Ionien, Ionier 41, 43, 78, 112, 120
Ionisches Meer 46, 82, 84f.
Ios 76, 83, 111, 113, 169
Iraklion 117f., 218
Italien 44, 46, 49f., 121, 199
Itea 79, 203
Ithaka 84f.
Ithome 80

J

Jahwe 38
Jason 48
Johannes (Evangelist) 86, 143

K

Kaiki 67
Kalymnos 66, 86f.
Kandili (Berg) 113
Kap Sunion 54, 79, 83, 232
Kap Tainaron 48
Karamanlis, Konstantin 39
Karditsa 47
Karpathos 46, 86f., 103
Käsarianikloster, Athen 134
Kasos 87
Kassandra 167
Katane 121
Kavala 77
Kea 111
Kephalonia 84f.
Kerameikosfriedhof, Athen 186
Kerkini 47
Keßler, Graf, Harry 205
Killini (Berg) 81
Kimolos 113
Kinthos 112
Kithairon (-gebirge) 246
Kleisthenes 121
Kleopatra 112
Klytämnestra 48
Kniep, Christoph Heinrich 199
Knossos 116, 118, 120, 215
Koloß von Rhodos 86
Konstantin II., König von Griechenland 39
Konstantinopel (Istanbul) 123
Koren 251f.
Korfu 63, 84, 200ff., 248, 252
Korinth 80, 122f.

– Isthmus von Korinth 48, 79, 115, 122, 204
– Kanal von Korinth 48, 60
Koroni 81
Kos 86
Kreta, Kreter 12, 14, 18, 29, 33, 45f., 82f., 94, 103ff., 113, 116, 118f., 123, 135, 138, 155, 166, 215f.
Kritsa 135ff.
Kuros 251, 252
Kykladen 46, 66, 82, 85, 87, 111, 113f., 161, 234
Kynthos 111
Kynurien 48, 79

L

Lakonien 48, 79
Langadia 160
Langobarda 140
Larisa 47, 77f.
Lassithi 118
Lefka Ori (Gebirge) 29, 104, 116f.
Leonidas 79
Leontinoi, Georgias von 122
Lerna 120
Leros 84
Lesbos 36, 56, 85, 246, 253
Leukas 84f.
Libanon 46
Limenaria 73
Limnos 85, 167, 172
Lindos 86, 247
Lokris 48, 78
Lorrain, Claude 200
Loutro 91
Löwenterrasse, Delos 112
Löwentor, Mykene 227
Lykabettos, Athen 183
Lykomedes 114
Lysikrates-Denkmal, Athen 198

M

Makedonien 24, 40, 47f., 76f., 100, 107, 142, 236
Malia 118, 120
Malta 200
Marathon 121
Marica 47, 77
Matala 138
Medea 48
Menelaos 48
Mesopotamien 46
Messana 121
Messenien 48, 79f.
Messenische Bucht 81
Meteora-Klöster 38, 127f., 130
Meteoron 130
Methana 146
Methoni 81
Miane 48
Milautus, Höhle von 117
Milos 113
Minoische Kultur 119, 120
Minos 116, 118
Minotauros 116, 119
Mistra 81
Mithradates von Pontus 112
Mnemosyne 246f., 253
Moiren 37, 112
Monastirakiplatz, Athen 195
Monemvasia 81, 144
Mykene, Mykener 80, 82, 120f., 226f.
Mykenische Epoche 120
Mykonos 67, 72, 111f., 174, 192, 251
Myres 106
Myrina 172
Mytilini 85

N

Nafpaktos 79
Nauplia 80
Naxos 84, 111, 113, 207, 253
Neapolis 117, 121, 199f., 252
Nea Skiti 141
Nestor 80
Nestos (Fluß) 47
Niarchos, Stavros 49
Nisyros 87

O

Ochi (Berg) 113
Odysseus 80
Olymp (Berg) 38, 40, 45, 47, 77
Olympia 80, 196, 238, 240, 250
Olympos 103
Omolion 77
Onassis, Aristoteles 49
Orestes 48
Oros (Berg) 115
Ossa (-gebirge) 77f.
Ossios Loukas 21f., 95
Östliche Inseln 82, 85
Öta (Berg) 79
Othrys (-gebirge) 46
Otto, König von Griechenland 123
Otto, Walter F. 203, 247, 249, 253

P

Pagasetikos 77
Paikon (-gebirge) 47
Pallas Athene 37, 204, 247, 252f.
Panaghia Chryssoviotissa, Amorgos 145
Pandora 120
Papadopoulos, Georgios 39
Parga 78
Parnaß (-gebirge) 47, 79
Parnon (-gebirge) 46, 81
Paros 111, 113, 177
Parthenon, Athen 123
Pästum, Italien 199, 252
Patmos 84, 86, 143, 165f.
Paulus, Apostel 123, 236
Paxi 84
Peirene 80
Pelion (-gebirge) 46, 77f., 114
Peloponnes 9, 39, 46ff., 60, 76, 79ff., 102, 117, 120, 123, 144, 146, 160, 170, 201
Perikles 42f., 121f.
Persephone 249
Persien, Perser 82, 121, 122
Perseus 122
Phädriaden 79
Phaistos 118, 120, 216
Phaliron 204
Pharsalos 122
Phidias 80
Phigalia 80
Philipp II., makedonischer König 122, 236
Philippi 233, 236
Philippson, Paula 253
Phokis 48, 79, 113
Pindos (-gebirge) 40, 46f., 77f.
Pinios (Fluß) 34, 77
Piräus 83, 115
Plaka, Athen 101, 162, 176f.
Platäa 121
Platamon 77
Platon 122
Pleistos 79
Polykrates 86
Pompejus, Gnäus P. Magnus 122
Porto Kagio 48
Poros 115
Poseidon 38, 231, 232
Preveza 78
Prodikos 122
Prometheus 37, 119f.
Protagoras 122
Psara 85
Psychro 117
Pylos 80f., 121
Pyrrhos 78
Pythagoras 86
Pythia 79

R

Rafina 114
Renan, Ernest 204
Rethymnon 117
Reventlow, Franziska Gräfin zu 253
Rhodopen (Gebirge) 47
Rhodos 10, 22, 46, 83, 86, 99, 102, 171, 192
Rilke, Rainer Maria 209, 248f., 253
Rom, Römer 41, 43f., 78, 122f., 201f.

S

Salamis 47, 115, 121
Samos 23, 82f., 85f.
Samothraki 82, 85, 253
Santorin → Thera
Sappho 85
Saronischer Golf 60, 82, 202
Schiller, Friedrich von 86
Schliemann, Heinrich 80
Seriphos 111
Sfakia 116f.
Sidarion 63
Sifnos 168
Sikinos 11, 113
Sitia 117
Sizilien 39, 48, 121, 199ff.
Skala 58
Skiathos 114
Skopelos 114, 156
Skyros 76, 109, 114, 164
Skythnos 30
Sokrates 122
Solon 42
Spanien 44ff., 121
Sparta, Spartaner 38, 43, 80f., 121f., 202, 252
Spetse 70, 115f.
Sphakion, Sphakiote 29, 91, 104
Sphorkior 105
Sporaden 77, 82, 113f.
Stackelberg, Baron von 199
Stomion 68
Strymon (Fluß) 47
Stymfaliasee 81
Symi 87
Syntagmaplatz, Athen 40f.
Syphnos 111
Syrakusai 121
Syros 111, 161
Széchenyi, Graf 199

T

Taras 121
Taygetos (-gebirge) 46, 76, 81
Telemach 80
Thasos 73, 82, 85
Theben, Thebaner 79, 121ff.
Themistokles 121
Thera (Santorin) 31, 58, 83, 85, 92, 111ff., 116, 119f., 133, 148, 159, 192, 216
Thermopylen 79, 115, 121
Theseus 114, 118
Thessalien 16, 24, 34, 47f., 68, 78, 120, 122f., 127
Thessaloniki 47, 76f., 123
Thirassia 113
Thrakien 47f., 82, 96, 233
Thukydides 43
Tilos 87
Tinos 111
Tiryns 121
Titanen 37, 119
Trikeri 77
Troja 114, 121
Türkei, Türken 47, 85, 117, 123, 127

V

Vai 117
Vathia 48
Vatopedi 147
Vernon (-gebirge) 47
Vouliagmeni 79
Vravrona 79
Vrontou (-gebirge) 47

W

Werfel, Franz 117

X

Xerxes 121
Xyloskalopaß 29

Z

Zakros 118
Zakynthos 84f.
Zeas 79
Zeus 37, 39, 78, 115ff., 120, 122, 238
Zypern 47, 117

BILDNACHWEIS

Alphapress, Garching BRD 92 und 237 (Hans Christian Adam), 102 oben und 173 (Ingrid Wehrmann)
Bavaria-Verlag, Gauting BRD 102 unten (Otto Kneule), 172 oben (Norbert Seebach)
Roloff Beny, Rom 215
Leonardo Bezzola, Bätterkinden CH 30/31, 174, 192
Raymonde Chapuis, Lussery CH 24 unten
Comet-Photo AG, Zürich 10/11, 93, 108, 188/189
Presse-Agentur L. Dukas, Zürich 24 oben (Hellas Press), 196 (Black Star/K.K. Lonergan)
Carla Endl, Salzburg 161
Klaus D. Francke, Hamburg 14/15, 16(2), 17(2), 18/19, 22 unten 23, 26, 32, 33, 34/35, 36, 53, 56/57, 63, 64/65, 68/69, 72, 73, 74, 91, 99, 100, 101, 104 oben links und unten (2), 106, 107, 138/139, 141, 142, 143, 146(2), 147, 148, 154, 155, 156, 159, 164, 165, 166(2), 167(2), 168, 169, 170, 177, 183, 184, 185, 186, 187, 190, 191, 193, 195 unten links, 198, 216/217, 233, 235, 236, 241, 242/243, 244
Claudia Hoegler, Bregenz 140, 226/227
Edmond van Hoorick, Richterswil CH 21, 70, 71, 160
Bildarchiv Hans Huber KG, Garmisch-Partenkirchen 24/25, 128/129, 137
Bildarchiv Joachim Kinkelin, Worms 54/55 (Fred Wirz), 238/239 (Reinhard Dols)
Gerhard Klammet, Ohlstadt BRD 133, 134, 176
Photo Löbl, Bad Tölz BRD 224, 240
Constantine Manos/Magnum, Paris 66, 96/97, 98, 103(2)
Bildagentur Mauritius, Mittenwald BRD 144/145, 195 oben links (Friedhelm Schulz)
Monika A. Otto, Luzern 22 oben (2), 60, 135, 162/163, 221, 232
Agentur Photo-Center, Braunschweig 67
Fritz Prenzel/Walter Ludwigs, Gröbenzell BRD 12/13, 136(3)
Inge und Arved von der Ropp, Köln 175
RV Reise- und Verkehrsverlag GmbH, Berlin und Stuttgart 9
C.L. Schmitt, München-Solln 127, 130, 197
Toni Schneiders, Lindau 29, 94, 95, 104 oben links, 105, 109, 110, 153, 194, 195 oben rechts, 218, 222/223, 225, 226, 231, 234
Anton Schroll & Co./Heinz Müller-Brunke, Wien 228
Bildarchiv Karlheinz Schuster, Oberursel BRD 30 oben und 145 oben (Waltraud Schramm), 58/59 (Hans Heeßel), 171 (Rainer Waldkirch)
Georg Stärk, Zürich 178
Kurt Struve, Westerland-Sylt BRD 58
Zentrale Farbbild Agentur, Düsseldorf 20 (Starfoto), 30 unten und 145 unten (Konrad Helbig), 177 oben (Hans Schmied), 195 unten links (Harald Mante)